U0919118

江蘇
校訂

南京城墙

杨国庆 ◎ 著

图书在版编目(CIP)数据

南京城墙 / 杨国庆著. 一南京：译林出版社，2013.12
(符号江苏)
ISBN 978-7-5447-2688-7

Ⅰ.①南… Ⅱ.①杨… Ⅲ.①地方文化—文化史—江苏省 ②城墙—介绍—南京市 Ⅳ.①K295.3 ②K928.77

中国版本图书馆 CIP 数据核字（2012）第047258号

《符号江苏》丛书

丛书主编　张道一

第一辑书目	第二辑书目
昆　曲	惠山泥人
明孝陵	南京城墙
南京云锦	苏州园林
宜兴紫砂	淮扬菜
苏　绣	江苏书法
徐州画像石	江苏国画

书　　名　**南京城墙**
作　　者　杨国庆
责任编辑　谢山青
封面设计　胡　苨
版式设计　陆　莹　常　征
技术编辑　黄　晨　韦　枫
出版发行　凤凰出版传媒股份有限公司
　　　　　译林出版社
出版社地址　南京市湖南路1号A楼，邮编：210009
电子邮箱　yilin@yilin.com
出版社网址　http://www.yilin.com
经　　销　凤凰出版传媒股份有限公司
印　　刷　南京爱德印刷有限公司
开　　本　889毫米×1194毫米　1/16
印　　张　15.5
版　　次　2013年12月第1版　2013年12月第1次印刷
书　　号　ISBN 978-7-5447-2688-7
定　　价　98.00元
　　　　　译林版图书若有印装错误可向出版社调换
　　　　　(电话：025-83658316)

文化符号的魅力

罗志军

上世纪五十年代，一首来自江苏的民歌《茉莉花》走上国际舞台，让世界记住了江苏。时至今日，这首优美的乐曲，已演化为中国的文化符号，成为中外文化交流的纽带。许多国际友人就是寻着《茉莉花》的韵味，认识江苏并种下了对江苏特有的情结，这便是文化符号的魅力。

位于中国大陆东部沿海的江苏，是中华文明的重要发源地之一。在这片美丽富饶的土地上，一代代江苏人辛勤耕耘，不仅创造了辉耀古今的物质文明，而且形成了吴越古韵、楚汉雄风、金陵人文、维扬风物的文化特色，可以引为江苏符号的资源不胜枚举。

在江苏众多文化符号中，延续六百多年的昆曲，不仅是中国戏曲的"百戏之祖"，也是世界戏剧的三大源头之一；明孝陵空寂神道上的巨大石像，印证着南京虎踞龙盘的王者气象；“咫尺之内再造乾坤”的苏州园林，代表了中国风景式园林艺术的最高水平；发端于南京的云锦纹样图案和以精、细、雅、洁蜚声的苏绣，以及宜兴紫砂、惠山泥人、江苏书画、江苏美食、南京城墙、徐州画像石、扬州漆器等等，都是江苏历史文化的名片。

随着中国改革开放的深入推进，开放的江苏与世界的联系日益紧密。江苏需要把更多代表自身特色的文化资源介绍给世界，世界亦需要借助更多的文化符号来感知江苏。由江苏省人民政府新闻办公室策划、凤凰出版传媒集团译林出版社编辑出版的《符号江苏》丛书，以图文并茂的形式，介绍了江苏最具公认度和代表性的特色文化资源，其中不少已列为世界物质和非物质文化遗产。这些经过长期积淀形成的标志性符号，体现着江苏这方水土独有的人文精神和文化基因，展示出江苏文化的源远流长与灿烂多彩。相信捧读《符号江苏》的朋友，无论你是否来过江苏，都会为她悠久的历史、灿烂的文化而心驰神往。

现在，江苏正致力于全面建成更高水平小康社会、开启基本实现现代化新征程。我们期望，通过《符号江苏》这套丛书，让更多的海内外读者朋友认识江苏、了解江苏。同时，我们热忱欢迎世界各地朋友走进江苏，亲身体验这方灵秀水土的无穷魅力，与这里的人们一起分享江苏独特的文化、优美的环境和美好的生活。

（作者系中共江苏省委书记）

南京城墙

目　录

引言

人类为何建造城墙？怎样使用城墙？城墙给人类带来哪些影响？人类为什么最终摈弃城墙？当代再次重视城墙的意义何在？这些都可以归纳为一个问题：城墙与人的关系。

历史，是一种记忆。一个有趣的现象是：对中国城墙的记忆，自古以来就大量呈现在正史、方志、野史、文学作品或绘图、绘画中；它本身并没有形成独立的学科，却为都城学、城市学、规划学、军事学、建筑学、历史学、方志学、地理学、风水学以及艺术学、美学等多门学科所涉及和研究。在这些学科中，城墙成为必不可少的重要对象而被不断论述和描摹，这种现象说明了中国城墙文化存在着深厚且广泛的历史与学科基础。城墙，并非一堵“墙”那么简单，它蕴涵着中国数千年丰厚的文化基础。

中国城市的城墙起源于夏、商（公元前21—前11世纪，城墙的雏形甚至更早），发展于春秋、战国（前770—前221年），普及于秦、汉（前221—公元220年），巅峰于明、清（1368—1911年），大部分消亡于20世纪。三次筑城高潮，构成了中国城墙的一种趋向：规模更广、形制更加成熟、更加坚固与完备。春秋战国兴起了中国历史上第一次筑城高潮，筑城数量当以数百计。秦汉时期，形成中国封建社会前期又一次筑城高潮。公元前221年，秦始皇甚至将前朝春秋战国时代修筑的早期城墙并入他指令修建的城墙，成为天下第一的长城的基础。公元14世纪中叶至16世纪，由于火兵器的长足发展，中国筑城进入了巅峰时期，形成了中国第三次筑城高潮，涉及了至少2199座城池，现存的中国地面遗存城墙绝大多数为明清时期建造或修筑。到了近现代，由于外族的入侵和镇压太平天国运动，西方国家的先进军事工业设备、产品作为商品大量输入中国，尤其是重型火炮在中国的出现，昭示着冷兵器时代城市防御工事——城墙原始功能上的“蜕化”与“不足”。最终导致地面城墙的大量消失，主要是由于自然界因素、战乱摧残和人为拆除三种原因，其中尤以后者最为严重，最为彻底。

南京城墙大致也经历了从无到有、从小到大的成长过程，并以其跌宕而纷繁的城市文化，铸就了中国历史文化名城的形象。从春秋时期越国大夫范蠡在南京的长干里筑城开始，迄今具有2480多年的城墙史，而筑城高潮一般与在南京建都有关。南京，先后有东吴、东晋、南朝的宋、齐、梁、陈，还有南唐、明、太平天国、民国等10个政权在此建都，建都历史累计达450余年，很早就被史学家誉为我国著名的四大古都之一。从城墙对南京城市的影响来看，可以分为四个阶段：首先是南京建城伊始至东吴第一次建都；其二是六朝时期的都城；其三是南唐时期的都城；最后是明代的都城。其中公元14世纪中叶明代建造的城墙影响最大、存世时间最长、文化内涵最为丰厚。

明代南京都城由宫城、皇城、京城和外郭四圈城墙组成（如今简称的“南京城墙”仅指第三圈的京城城墙，长度达33.676公里）。这座城垣，不循中国古代都城取方形或矩形的旧制，设计思想独特、建造工艺精湛、规模恢弘雄壮，为我国古代城市军事防御系统工程、城垣建造技术的集大成之作。为建造这座城垣，朝廷前后至少耗时 28 年，动用各类筑城人员达百万余众，涉及长江中下游数省的广袤地区，具有强烈的时代地区特征。

南京明代城墙，在中国古代都城史上既有继承意义又具有开创意义，不仅是我国第一个在江南定都的统一王朝的首都象征，也是明清北京城规划与建造的蓝本。自明初南京建都征派长江中下游各地烧制城砖以来，烧砖技术得到极大推广，在国力提升和经济得到发展的保障下，全国许多城市（尤其是北方）大量使用了砖包墙，其中包括明中晚期万里长城的砖包墙。

南京城墙经历过岁月的洗礼、蒙受过战火的硝烟，甚至遭受过人们认识局限下的部分拆毁。值得庆幸的是，它迄今保存的长度仍有约为原始城墙长度的三分之二以上，仍然是目前世界城市中最长的砖石构造的城墙。近 30 年来，南京城墙作为人类文化遗产的价值得到全社会的普遍认同，在连续不间断地进行大规模抢险性维修并取得世人瞩目成果的同时，南京城墙风光带的实施已见成效，南京城墙又被列入国家申报“世界文化遗产”备选项目——“中国·明清城墙”组合项目之一，体现了南京城墙在当今社会文化生活中的地位与价值。

南京城墙，已然成为现代南京的一张城市名片，是城市具有标志性的体量最大的历史建筑物，引起了越来越多中外宾客的兴趣和关注。2007 年 8 月 28 日，德国总理安格拉·默克尔访问南京。虽然只是短暂的一天，在当晚 10 点多钟默克尔总理看完演出后，本应回酒店出席一个小型鸡尾酒会。但是，她主动提出想去看看闻名已久的南京城墙。南京台城段城墙，是接待中外重要宾客最多的一段城墙，这里视野开阔，是观赏南京山、水、城、林的一处胜地，素有“南京观景台”之美誉。遗憾的是当默克尔总理来到台城时，下起了大雨，但她仍走下车，冒雨和南京城墙进行了“零距离”的接触。

走进南京，最便捷的路是走近城墙。这里不仅可以感受到南京古往今来的城市风光,还可以体会到城市博大而恢弘的气度。走近南京城墙,就会在不经意中走进南京,走进南京的过去和现在,也会展望到它的未来!

◎第一章

帝都神话到人间

有一个神话在南京流传了千百年，亦真亦假的人和事，成为人们饭后茶余的谈资。这个编造出的诡异传说使南京或者说南京城墙的早期发展，蒙上了一层神秘的面纱。神话中说，公元前3世纪，一位没留下姓名的风水先生看了南京的山水之后，断言五百年后这里将要出现新皇帝。

在这个故事中，统一中国的皇帝——秦始皇成了主角。他在东巡途经这里听到传说后，遂改金陵为"秣陵"。"秣"是喂牲口的草料，把埋葬黄金的地方，改换成掩埋草料之地。秦始皇不仅想从地名上消除这里的"王气"，还征派当地军民将境内最高的北山（即钟山）余脉挖断，并形成了一条通向长江的河流，改变了地貌的形态，这就是被南京后人称为"母亲河"的秦淮河。

后人依据这个神话故事还进行了再创作，演绎成一个谶语：南京虽有适合建都的条件，却被秦始皇挖断了南京都城的龙脉，即便建都也是短命的。还举出许多例证加以说明：在南京建都的东吴52年、东晋104年、南朝宋60年、南朝齐24年、南朝梁56年、南朝陈33年、南唐39年、明53年、太平天国12年、中华民国16年（未计南京沦陷的8年），除了东晋王朝，再没有一个王朝超过百年。是秦始皇断了南京的"龙脉"，还是历史的巧合，恐怕谁都说不清楚了。

第一节 ◎『城』的由来

从原始社会至今,『城』这一概念是何时出现的?
中国最早的城池是由何人所建?
古书中有说是黄帝,
有说是鲧,也有说是禹……
虎踞龙蟠的南京城到底是何时才出现了城墙?

诞生这个神话的南京,地处中国长江下游的江边,是水陆交通的要津,资源比较丰富,经济腹地宽广,地理位置优越。境内有起伏的山峦,气候四季分明、温暖湿润,自然水源充足。所谓“秦淮河”也并非秦始皇所开掘,而是一条史前的自然河流,其源头有二:一为句容市宝华山;一为溧水县东庐山。两源于今南京市江宁区方山埭西北村汇为一流蜿蜒向北,经南京市区由西北方向汇入长江。秦淮河全长110公里,流域面积约2630平方公里,流经地区是一片长期积淀形成的黏质土壤的冲积平原,为后来南京地区的农业发展,以及南京成为江南富庶地区之一提供了基础。南京的先民们在这条河的周边地区居住和繁衍,遗留了一批古人类和古文化的遗址。

1993 年 3 月 13 日，在南京市东郊汤山镇雷公山葫芦洞内，先后发现了两具古人类头骨化石，同时还出土了两千余件古脊椎动物化石，其中的中国鬣狗、肿骨鹿等绝大部分动物已在远古时灭绝。2008 年，专家们通过最新的 TIMS 鉴定，将汤山猿人一号头骨的“年龄”从最初认为的 30 万至 35 万年前，确认为 60 万年前，大致与北京周口店发现的“北京人”生活时代相当，遂定名为“南京人”。

距今六千多年前，南京先民创造了北阴阳营文化。大致在南京鼓楼岗西北侧的北阴阳营以及玄武湖畔、长江沿岸，已形成新石器时代的原始村落。在这些原始村落地带，出土了大量的玉器、玛瑙、绿松石等制作精巧的装饰品。遗憾的是由于发掘面积有限，南京先民有没有利用或设置防御性的障碍以保护自己的部落，目前尚不清楚。但是，这个时期在长江上游的湖南省沣县县城西北 10 公里的车溪乡南岳村境内，先民们在城头山营造了迄今所知中国最早的一处城址。同时，根据近年来对长江流域特别是江苏地区的考古发掘，在同一新石器时代的藤花落遗址（连云港市）和佘城遗址（江阴东南 10 公里）上，也分别发现了堆筑或板筑的城墙。属于长江流域的南京处于中原文化的边缘，长期受到长江文化的孕育和滋润，早期的筑城还有待于今后的考古发现。

在中国原始社会末期，即氏族制度日益瓦解、奴隶制社会即将到来前夕，中国早期筑城情况被许多古代文献所描述。如《汉书·食货志》称：“神农之教曰，有石城十仞，汤池百步。”《轩辕本记》中说：“帝又令筑城邑以居之，始改巢穴处之弊。”《史记·五帝本纪》说舜“一年而所居成聚，二年成邑，三年成城”。《世本·作篇》、《淮南子·原道训》、《吕氏春秋》等书均称“鲧作三仞之城”、“夏鲧筑城”。《吴越春秋》更进一步说：“鲧筑城以卫君，造郭以守民，此城郭之始也。”《博物志》还说：“禹作三城，强者攻，弱者守，敌者战。城郭又自禹作也。”由于历史原因，南京地区以及长江流域的建城资料，古文献记载中没有中原地区多，大多只能依靠考古发掘。

西周时期，南京地区就有“吴头楚尾”之称，为吴、楚相争的战略要地。周灵王元年（前 571 年）之前楚国建造的棠邑城（今六合区境

《秣陵集 · 吴越楚地图》

内）和周景王四年（前 541 年）吴国建造的濑渚城（即今高淳县境内的固城遗址），这两座早期城池是当年吴、楚相争的产物。棠邑城虽然“有城”，但城周不详；而濑渚城有内外两重城墙，内为子城，外为“周长七里二百三十步”的罗城，这种规模基本达到了早期城池的规制，是南京地区城墙建造史上有据可考的最古老的一座城邑，距今约有 2500 年的历史。近年，有学者提出了不同的看法：春秋战国时期作为县邑的城池一般很少有超过七里的规模，并依据考古所获知的信息，认为这是汉代扩建的溧阳县城，濑渚城在汉代溧阳县城的偏西部，规模也小很多。棠邑城和濑渚城都在今南京的郊县，而不在今天南京的主城区内。

公元前 5 世纪初，在今日南京城西的冶城山，建立了一处冶炼作坊，被后世称为“冶城”。这处遗址已难以寻踪，也并非正式的城池，不过曾经为吴王夫差（前 495—前 473 年）铸造出不少锋利的宝剑。这说明南京地区在城池出现之前，生产力和兵器的发展已有相当规模的基础了。公元前 5 世纪至公元 3 世纪是我国冷兵器得到长足发展的时期，同时也出现了中国的又一次筑城高潮。《墨子 · 备城门》等十一篇守城专论反映了在战国时期利用城墙进行防御已具有相当的技术与战术水平。除了修筑大量的城市城墙外，长城（又称“边城”、“边墙”）各段的修筑和连通也在这个时段。南京建城的最早历史大致在这个时段，筑城要明显晚于中原地区。

南京城区最早出现城池的记载是越城，又称范蠡城，俗称“越台”。东周元王四年（前 472 年），越王勾践灭吴，在今南京城南秦淮河南岸长干里与雨花台之间的一片高地上筑起一座城池，城周二里八十步（约 991 米）。据史料记载，越城由越王勾践的谋士范蠡主持建造，作为攻防楚国、进而争霸中原的重要据点，范蠡曾率领越国部队驻守过这座小城。由于这座城较小，一般居民和商市又分布于城外的秦淮河两岸，从严格意义上说，这座城仍然属于军事城堡的性质。但是，从广义来说，学术界认为南京市区有一定区域范围的“城”，当以越城为南京建城历史的开端。

人类使用城墙这种保护自己、抵御外敌的建筑形式，是伴随着战争的出现而产生的。这是中国学界普遍的共识，而西方国家很多学者认为城墙诞生最早的意义在于权利的象征。如美国学者刘易斯 · 芒福德（Lewis Mumford）在《城市发展史 —— 起源、演变和前景》中提出：“远古时代城堡和要塞的形成，并未引发相对立的社区之间的战争和冲突，但由少数人统治大群人这种单方面的统治关系，却是由此开始的。”“城堡要塞的象征性意义要早于其军事作用，在这一问题上，我是同意米尔西亚 · 伊利亚德（Mircea Eliade）的说法的。”另一种观点认为，私有财产的差别导致贫富分化日益悬殊，最终引发部落间的战争，恩格斯在《家庭、私有制和国家的起源》中称其为“纯粹是为了掠夺”。《中国历代军事工程》一书认为，“所以防护性的筑城，首先出现在人口和财物集中的定居点（聚落）周围”。东、西方学界对城墙起源功能上出现的差异，一是反映了城墙起源确实存在东、西方客观的差异性；二是东、西方不同文化背景加之缺乏彼此对话造成了主观的差异性。

城市是人们集中生存活动的主要地区之一，通常是周围地区政治、经济、文化的中心。研究中国的城市，无法离开对城墙的研究，很多研究中国城市的中外学者都对此给予了高度的关注。章生道在《城治的形态与结构研究》中写道:“对中国人的城市观念来说,城墙一直极为重要,以致城市和城墙的传统用词是合一的,‘城’这个汉字既代表城市,又代表城垣。在帝制时代,中国绝大部分城市人口集中在有城墙的城市中,无城墙的城市中心至少在某种意义上不算正统的城市。”瑞典人奥斯伍尔德·喜仁龙在《北京的城墙和城门》中也强调:“正是那一道道、一重重的墙垣,组成了每一座中国城市的骨架或结构。……在中国不存在不带城墙的城市,正如没有屋顶的房子是无法想象的一样。”从这个意义上说,南京越城虽然很小,当时军事上的意义明显大于政治上的意义,甚至还不是传统意义上“城市”的城墙,但是,后人对南京这座最早的越城始终念念不忘,赋予了它一定的政治意味,使其成为文人墨客的怀古之地——毕竟它是南京城市成长与发展的“源”。如清代陈文述在《越城》中写道:“一样兴亡更可嗟,长干枯树噪啼鸦。越台争似苏台好,杨柳年年扫落花。”直到近代,周宝偀在《越城》中还写道:“禅院风清古迹埋,长干西畔小徘徊。一堆土石迷烟草,人踏斜阳问越台。”由此可见,“越城”已成为南京城市历史上最早的一个政治文化符号,其影响远远超出了越

◎◎《秣陵集·汉丹阳郡图》

城城墙本身的价值——历史学家和考古学家今天仍然会对南京城南秦淮河西南岸那片土地有着深切的关注。

东周显王三十六年（前333年），楚威王灭越，尽取吴故地，废弃了越城的旧城，在今南京城西的石头山（今清凉山）上重新筑城为治，开启了南京城区历史上行政建置之始。由于南京靠近一些多产铜矿（古时称“金”）的山地，“地接金坛，其山产金，故名金陵”。还有一种说法，楚威王率大军灭越时曾到这里，也听说这里有“王气”，为了消除“王气”，命人在这里埋金筑城，以镇“王气”，所以南京又有“金陵”之称。这个神话故事，实际是公元前210年秦始皇东巡改金陵为秣陵故事的翻版。据史料记载，这座金陵邑城“西南开二门，东一门”，城的规模比越城还小，大约存世百年之久。

秦汉时期，南京在行政上隶属扬州（今江苏省扬州市江都区）。当时，扬州与长江下游的苏州同为这一地区具有支配力的最大城市，南京城在这个时期呈现缓慢发展的态势。这个时期，按今天南京的区域范围，先后建造过一些县级小城。如位于衡山附近的丹阳县城、秦淮河上游的秣陵县城、胡孰（汉代改名为湖熟）县城、栖霞山附近的江乘县城等。南京地区这些早期城池或城堡大部分呈散状分布，有的城垣遗址迄今尚存。由于筑城技术以泥土夯筑为主，有的则已经毁圮无存了。

随着后来全国政治、军事、经济形势的变化与发展，南京独特而优越的地理条件被历代政治家、军事家尤其是堪舆家所推崇，并不断被渲染，最后形成新的神话。公元220年，曹丕在洛阳称帝建魏；公元221年，刘备在成都称帝建汉；公元229年，孙权在武昌正式称帝建立吴国，形成了三国鼎立的局面。公元223年，刘备去世，当政的诸葛亮为了集中精力对付魏国，采取了联吴的国策。据说诸葛亮曾骑马游视秣陵山水形胜，之后在石头山上发出了赞叹：“钟山龙蟠，石头虎踞，此乃帝王之宅。”目的是劝孙权从武昌迁都南京，从而缓解长江中游东吴势力对蜀汉的压力。孙权于称帝同年的九月正式迁都建业（今南京），大体暗合了神话中“五百年后南京出皇帝”的预言。至此，南京不仅有“龙蟠虎踞”之别称，在清凉山（古称石头山）的山坡，还有一处诸葛亮“驻马坡”的所谓“遗迹”。

许多神话中提到的北山，就是钟山，又称紫金山、钟阜；石头，是今天的清凉山；“帝王之宅”的“宅”，则指的是都城，仅凭南京的两座山，就能得出南京是帝王根基（都城）所在的结论，在今天看来近乎荒唐。然而，“龙蟠”与“虎踞”，绝非一般意义上对山体的形容，更非单纯指钟山与石头山。这一说法的真实含义，在于指出南京以这两座山为主体，构成的大环境所形成的一种地理形势特征。按照中国传统风水理论来看：南京北面有幕府山、狮子山，称“镇山”，可以抵挡来自北方的恶风（即冷风）；东西两面各有钟山和清凉山，称“耳山”，一龙一虎护佑；在两座耳山之间有秦淮河、玄武湖和燕雀湖等水系；南面有聚宝山连石子岗，称“案山”，整个地形完全符合“山环水抱”之势，各项人居自然条件都具备，故地势绝佳。

南京所谓的“天子气”，事实上也不存在，当然也没有因“堑北山”、“凿钟阜，断金陵长垄”，而使南京的“天子气”消散。相反，南京的“天子气”还不断得到后世的认同，顾炎武在《历代宅京记》中转引前人所说：孙权在听说金陵地形有王者都邑之气后，“权善其议，未能从也。后刘备之东（指诸葛亮），宿于秣陵，周观地形，亦劝权都之。权曰：‘智者意同。’遂都之”。受中国古代传统意识形态的制约，人们思想认知程度不可能达到今天的水平，对这种虚幻的“气”，明人郎瑛在《七修类稿》中一再考证：“南京钟山，太祖陵寝在焉。云气山色，一日之间，青黄紫翠之不一，人以为气旺所致。又曰：如汉高帝隐芒砀，而上常有五色之云。予见沈约《钟山诗》云：‘发地多奇岭，于云非一状。’则知晋时已如此也。”意思是说钟山险峻，环绕山头的浮云变幻多端，是“王气”所在的象征。

第二节 ◎ 孙权对南京城的贡献

三国时期，孙权迁都建业，以金陵邑城为基础，兴建了石头城，从而使南京从江南的一座小城，发展成为中国都城史上举足轻重的『帝王之宅』。这座城池是南京第一座都城，在南京城市发展史上具有划时代的意义。

公元211年，孙权接受了东吴谋臣张纮等人的建议，将其政治中心由京口（今江苏镇江）迁至秣陵，次年改秣陵为建业。三国吴黄龙元年（229年），东吴大帝孙权由武昌迁都建业（今江苏南京）后，初以楚金陵邑城改筑为石头城（俗称“小石头城”），以旧将军府舍作为建业宫。赤乌三年（240年）四月，孙权开始“治城郭，起楼、穿堑、发渠，以备非常”，营造了一座新的都城（俗称“大石头城”）。这座城池不仅是南京第一座都城，在南京城市发展史上具有划时代的意义，而且使南京从江南很不起眼的一座小城，发展成为中国都城史上举足轻重的“帝王之宅”，将神话变为了现实。

在中国历代封建帝王的都城营造中，都不能忽视传统法则

东吴大帝孙权

对指导和规划都城营造的重要作用。中国古代都城营造制度，先见载于《考工记》的“匠人建国”和“匠人营国”两节，分别专述建设城邑测量技术和追述周王朝营都建邑的制度，是先人对早期方形城池的经验总结。

其中对城池的形状、城门数量、道路经纬、宫城位置等都有要求，形成了中国古代都城结构规范方整、中轴对称的“礼制”模式。如“匠人营国，方九里，旁三门，国中九经九纬，经涂九轨，左祖右社，前朝后市，市朝一夫”。这份重要资料成了中国古代建造都城的底本。后又将《考工记》录入《周礼》，使建造城池必须遵守“礼”的原则。但是，在周以后，历朝历代由于都城地理条件上的差异、旧城与新城之间的冲突与协调等等，使新的统治者在营造都城时，往往很难完全依照“周王城图”的理想模式营造。所以，早在春秋战国时期，学术思想界出现百家争鸣局面时，涌现出了一批敢于挑战周礼传统的思想家，其中管子就创造性地提出“凡立国都，非于大山之下凡于广川之上。高毋近旱而水用足，下毋近水而沟防省。因天材，就地利，故城郭不必中规矩，道路不必中准绳”。这与《考工记》是完全不同的都城规划思想，对中国古代城市建设同样产生了深刻的影响。当代学术界对东吴建业都城的规制出现很大的分歧：有的认为是按照《考工记》的规划思想，也有的认为是承袭了《管子·乘马》的规划思想，并且都给出了一定的依据。

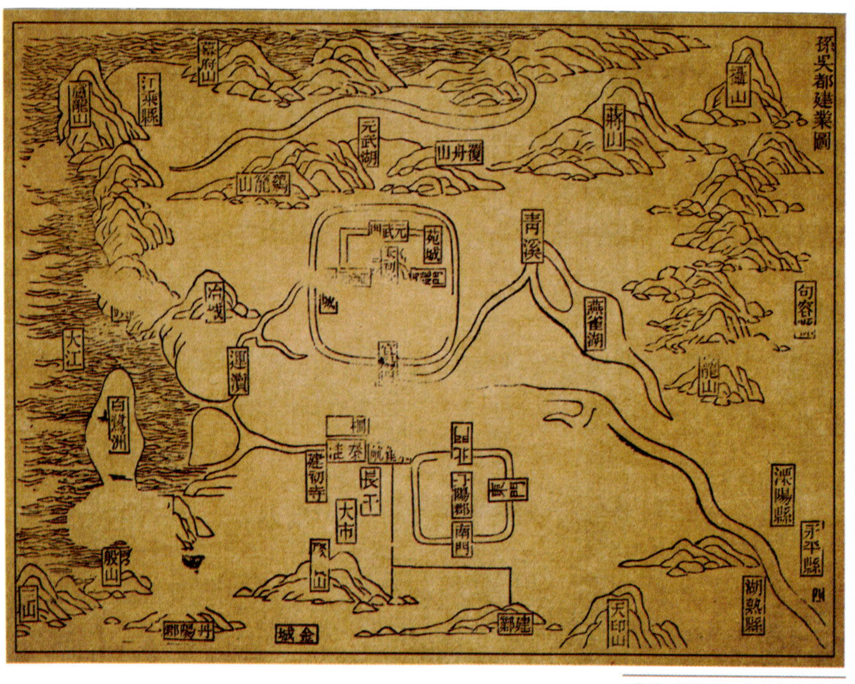

◎◎《秣陵集·孙吴都建业图》

东吴建业都城的设计思想，很多古代文献并没有记载，只有晋人左思（约250—305年）在《吴都赋》中对这座都城的设计依据提出了“阐阖闾之所营，采夫差之遗法”。值得注意的是，学界认为《吴都赋》基本写实，“可作信史”，由此看来，左思写作该赋距东吴建业都城营造时间相近，不可能置中国传统都城营造制度而不顾，而妄称“阐阖闾之所营，采夫差之遗法”。所以，要想了解东吴建业都城的设计思想，首先需要了解“阖闾之所营”造的都城。

阖闾、夫差父子两人，是春秋时期吴国的先后两位国君。公元前514年，阖闾命楚国叛将伍子胥“相土尝水”、“象天法地”，营造吴国的都城大、小两座，至唐代以后被称为“阖闾城”。《吴都赋》的意思是说，东吴孙权所建造的建业城是参照了阖闾城之制。过去学术界传统的说法是：阖闾大城即姑苏城（今江苏苏州），阖闾小城位于武进雪堰乡城里村与无锡胡埭乡湖山村之间，占地约100万平方米。其城北靠仆射山、胥山、虾笼山等为屏障，山前有坡地，南临太湖，作军事要塞之用，以控制楚、越两国之入侵，以保吴都（今江苏苏州）安全。据《吴地记》载：“阖闾城，周敬王六年伍子胥筑。大城周回四十五里三十步。小城八里六百六十步。陆门八，以象天之八风，水门八，以象地之八卦。《吴都赋》云：‘通门二八，水道陆衢’是也。西闾、胥二门，南盘、蛇二门，东娄、匠二门，北齐、平二门，不开东门者，为越绝之故也。”

2007年初，为配合第三次全国文物普查，无锡市第三次全国文物普查办公室对武进雪堰乡城里村与无锡胡埭乡湖山村之间的阖闾城遗址进行了为期一年半的考古复查。南京博物院考古专家张敏在考古复查结束后撰写了《阖闾城遗址的考古调查与初步认识》一文，根据大量考古资料和文献记载综合分析后，首次提出“初步推断阖闾城遗址为春秋时期吴王阖闾的都城”的观点，由此引发了学术界的一场大辩论。这场辩论还在继续，其结果尚不得知，但无疑对认识阖闾城营造754年之后的东吴建业都城制度、规模和营造思想，具有很高的参考价值。

张敏在《阖闾城遗址的考古调查与初步认识》中提出“从阖闾城大小城的布局和西城内高台建筑遗迹的分布分析，阖闾城的布局除防御功

◎◎ 无锡县阖闾城遗址

能外，还反映了吴民族以中为尊和以西为尊的思想。”“阖闾城遗址有郭有城，城内有大型建筑群，符合春秋战国时期的都城的建制，亦符合春秋战国时期都城的规模。”“阖闾城的规模和布局既体现了春秋战国时期营造都城的基本思想和基本格局，又完整地反映了伍子胥的筑城思想。阖闾城遗址的年代为春秋晚期，与吴王阖闾的年代相当…… 阖闾城遗址有水门和陆门，西城内有大型建筑群，大城外还有胥山湾和龙山石城，构成完整的宫殿群和完整的防御体系；阖闾城遗址的地理环境以及胥山、闾江等历史地名与历史文献记载相符；阖闾城遗址的地理位置、年代等亦与历史文献的记载相符。”如果将这些论述比之东吴建业都城，确实能发现一些承袭的印记。

据《建康实录》等文献记载，建业城为“吴大帝所筑，周回二十里一十九步，在淮水北五里”；“孙权虽居石头以扼江险，然其都邑则在建邺，历代所谓都城也”。从城的规模上比较，吴都阖闾城周长 7000 米，东吴建业都城周长约 8775.7 米；从城制上比较，吴都阖闾城呈长方形、内设有东城和西城两座小城，东吴建业都城呈长方形、内设有太初宫（实际是一座宫城）和苑城两座小城；从大城与小城的布局上看，吴都阖闾城外有太湖之滨的龙山石城，东吴建业都城西临长江边也筑有小石头城……

以两都城外配置的小城意义与功能为例：吴都阖闾城外的龙山石城立于太湖之滨，“蜿蜒分布，依山势高下而筑”，为阖闾城第一道防御工事，“并与阖闾大城、东城、西城和胥山湾构成了完整的军事防御体系”。东吴建业都城小石头城“环七里一百步”，折合今制，城墙周长约 3061.8 米，作为当时孙吴的水、陆军事基地，也是长江中下游最大的港口（当时石头城临江）之一。并派兵把守，若有军情，点火而报，据说一夜即可由南京抵达武昌。所谓：“宿师以守，盖如古人连营之制”，说的正是小石头城军事防御的城堡性质，成为护卫建业城池的重要门户。在六朝时，曾发生过数十起战事，小石头城均是交战双方争夺的军事重地，凡“江边有警，必先据（小）石头以为捍御”。

近年来，苏州与无锡都认为“阖闾城”在该市，由于左思所称东吴建业都城是“阐阖闾之所营，采夫差之遗法”，使南京历史上第一座都城的重要意义，又增添了当代学术层面的参考意义。

◎第二章 江南烟雨帝王城

历代描述南京城历史的千古名句中,谢朓(464—499年)的"江南佳丽地,金陵帝王州",韵味非同一般,难怪梁武帝(464—549年)曾说:"三日不读谢(朓)诗,便觉口臭。"谢朓《入朝曲》的这第一行,不仅对东吴、东晋,以及南朝宋、齐的金陵城给予了高度的概括和评价,也为后世打算在此称霸的帝王们提供了历史依据。随着帝王们在此先后建都,南京城墙也有了一次次进一步发展的机遇。

在南京城墙的历史发展进程中,对后世影响最大、乃至对今天南京城的格局及其他多方面造成影响的城池,大致有六朝时期的建业与建康城、南唐江宁府城和明代南京城这三座都城城池。从时段上看,六朝的建业、建康城墙存世约360年,南唐江宁府城存世约430年,明代南京城墙存世迄今已有600余年,仅以这三座有内在文化承袭关系的城墙来说,累计存世时间就达1400年以上。而六朝都城所具有的开创与奠基的重要意义,在南京城这三个时段城池中尤显突出。

六朝时期的城墙除了当时的实用功能以外,还具有文化意义,即便在城墙消失许多年后仍在发挥它独特的文化价值,甚至被看作政权兴衰的象征和代名词。有"初唐四杰"之称、少年成名却英年早逝的才子王勃(650—676年)在《江宁吴少府宅饯宴序》中就写道:"蒋山南望,长江北流。伍胥用而三吴盛,孙权困而九州裂。遗墟旧壤,数万里之皇城;虎踞龙蟠,三百年之帝国。关连石寨,地实金陵;霸气尽而江山空,皇风清而市朝改。昔时地险,实为建邺之雄都;今日太平,即是江宁之小邑。"这段话比较真实地反映了六朝时期城墙与政权兴衰的关系,显现了中国城市中城墙的文化象征意义。

六朝"雄都"早已化作废墟,昔日的辉煌仅留存在迷蒙的江南烟雨中。

第一节 ◎ 六朝政权更迭对都城的影响

自东吴孙权在南京营造第一座都城起，东晋和南朝的宋、齐、梁、陈共有六个朝代先后在这里建都，史称『六朝』。就六朝城墙而言，也基本反映了中国古代城市城墙的一种规律：政权的兴衰，关系到城墙的『建』与『毁』，简陋与繁复。

自东吴孙权在南京营造第一座都城起，东晋和南朝的宋、齐、梁、陈共有六个朝代先后在这里建都，史称“六朝”。对六朝的评价，历来褒贬不一。一种观点认为，这是中国历史上黑暗的时期，战乱不休、政治腐败、割据偏安、国运短促等等；而范文澜在《中国通史简编》中认为：“在东晋南朝时期，长江流域开发出来了，使隋唐封建经济得到比两汉增加一倍的来源；文化事业发展起来了，使隋唐文化得到比两汉提高一层的凭藉；东晋南朝对历史是有贡献的，不能因为政治上是偏安，轻视它们的贡献。”六朝城墙也基本反映了中国古代城市城墙的一种规律：政权的兴衰关系到城墙的“建”与“毁”；简陋与繁复。

历史上，南京以都城的形式一再出现，是与当时的王朝或政权有直接关系的。换句话说，通过南京城墙这座都城载体的形式，可以折射出南京历史有关王朝或政权的盛衰强弱。六朝建康都城亦不例外。自孙吴定都建康后，建业城也被后世的东晋、宋、齐、梁、陈所沿袭，城池、宫阙的位置和规模"虽时有改筑，而其经画，皆吴之旧"。

孙吴甘露元年（265年）九月，后主孙皓采纳西陵督步阐之建议，将都城迁往武昌。但是，此举引发三吴地区（指吴、吴兴、会稽三郡）官僚富贾的不满，豪门望族也同样不愿背井离乡逆江去武昌。一些不愿离开家乡的文人还借机创作了一首童谣："宁饮建业水，不食武昌鱼；宁还建业死，不止武昌居。"后来，这首童谣在东吴所辖地区广为流传。甘露二年（266年）十二月，孙皓迫于无奈还都建业，开始新一轮的城市建设，其中规模最大的土木工程就是营造宫城之一的昭明宫。公元267年，孙皓下令俸禄二千石以下的官吏必须亲自入深山老林负责砍伐大木，以供营造昭明宫之需。此举虽然表明孙皓十分重视昭明宫建造的质量和工期，但是也使后人感到这位皇帝有借机发泄他迁都不成而心存怨气的心态。

东晋建武元年（317年）三月，琅邪王司马睿在建康城称帝，改元建武，定都建康，史称东晋。由于受北方中原城市文化的影响，南京城进入一个新的发展阶段。晋元帝司马睿在登极之始，在当时著名占卜家郭璞的规划下，立宗庙社稷，两年后又立南郊，奠定了城市礼制建筑的基础。

东晋成帝咸和二年（327年），因统治阶层内部纷争而被解除兵权的历阳内使苏峻率部卒万余人攻入建康后，建康城里宗庙、宫阙遭到严重破坏和焚毁。平定苏峻之乱后，东晋成帝司马衍回到建康城，由于宫室严重受毁，只好将几乎不能避寒暑的兰台和建平园作为临时宫室。此时，朝臣中迁都之议纷起。其中三吴豪族们主张迁都会稽（今浙江绍兴），而朝廷重臣温峤等建议迁都豫章（今江西南昌），惟有丞相王导另有主张，他说："建康古之金陵，旧为帝里，又孙仲谋、刘玄德俱言王者之宅。古之帝王不必以丰俭移都，苟弘卫文大帛之冠，则无往不可……且北寇游魂，伺我之隙，一旦示弱，窜于蛮越，求之望实，俱非良计。今特宜镇之以静，群情自安。"在王导"以静"观北方势力"不示弱"的主张下，迁都之议未被采纳，仍立都于建康。公元330年秋，为进一步强调建康都城的政

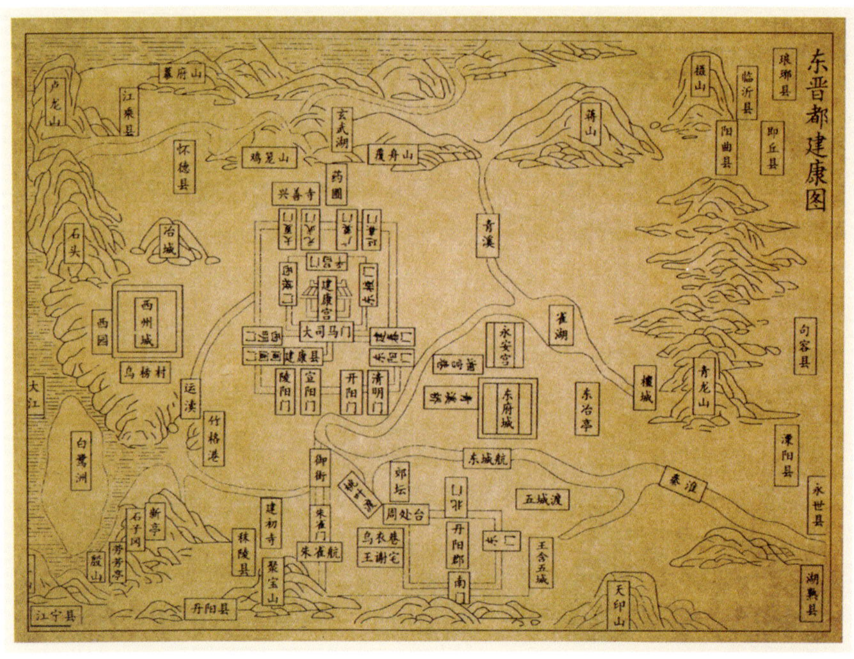

《秣陵集·东晋都建康图》

治地位，成帝司马衍命大臣王彬主持建康城的重建工程，其中最重要的是宫城（即所谓的台城）的规划和营建。为缓解筑城经费的不足，成帝司马衍还下令各级官员自上任20天内，需送缴修城钱二千，并形成制度，一直延续到公元482年才被齐高帝萧道成正式废除。

台城，又称建康宫城，是在东吴苑城和昭明宫旧址上新建的一座宫城，也是自东晋至南朝最重要的政治中心。公元339年，“始用砖垒宫城”，这是南京城墙用砖的最早记载，比南齐建元二年（480年）京城用砖筑都城还早了近150年，反映了中国城市多重城墙由外向内逐渐被重视、被等级化的一种普遍规律。宫城之外的内城的正南原仅开“宣阳”一门，此时又增开了陵阳、开阳、清明、建春和西明五门，合计“六门”。《建康实录》载：“都城周二十里十九步，本吴旧址，晋江左所筑，但有宣阳门。至成帝作新宫，始修城开陵阳等五门，与宣阳为六，今谓六门也。”最后，成帝司马衍下令建造竹篱的外郭，形成了宫城、内城和外郭三重城垣的城市格局。

南朝宋文帝元嘉年间（424—453年），宋文帝刘义隆继承先祖刘裕

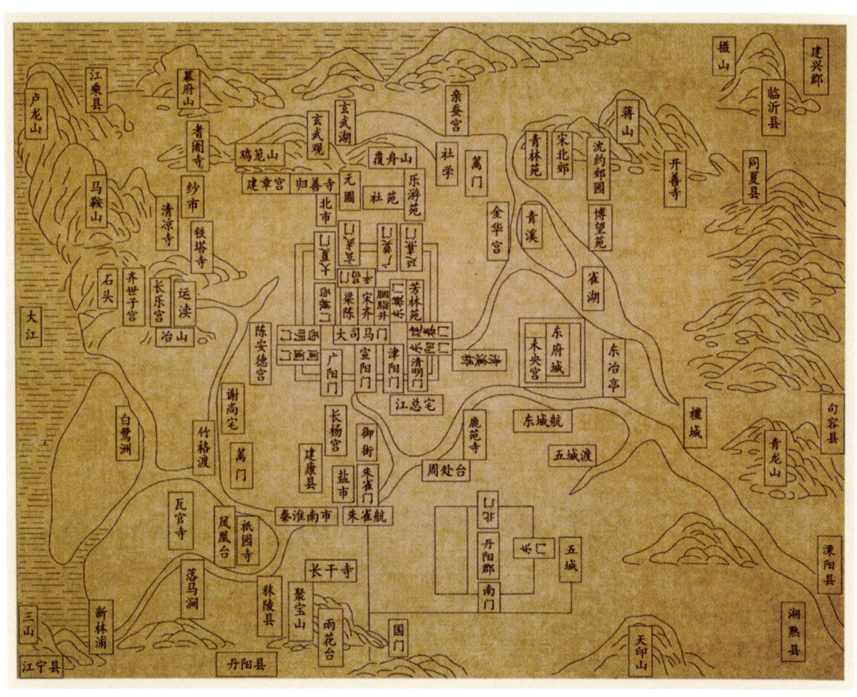

◎◎《秣陵集 · 南朝都建康图》

的治国方略，政治清明，实行劝学、兴农、招贤等一系列措施，使百姓得以修养生息，社会经济繁荣，是东晋南北朝国力最为强盛的历史时期，史称“元嘉之治”。元嘉十五年（438年），宋文帝征召雷次宗在京城鸡笼山开设“儒学馆”讲学，与玄、文、史三学合为“四学”。同年，新建东宫；元嘉二十年春正月，于台城东、西开万春、千秋二门；元嘉二十五年，新建阊阖、广莫二门，改原先的广莫门为承明门，开阳门为津阳门。

刘宋末年，朝廷政争内乱不休，对外失利于与北魏的战事。昇明三年（479年）宋顺帝刘凖被迫将皇位禅让于萧道成，遂建立齐朝。以军功起家的萧道成十分重视城池的构筑，他于建元二年（480年），下令“立六门都墙”。所谓“六门”，并非单指城门，而是对建康城的一种别称；“都墙”则是指筑造城墙。此时筑造城墙，应该不是指原先使用的篱笆形式，当另有所指（或用城砖，或用条石建造），这是南京都城城墙用材的重大变革。据《资治通鉴》记载：“自晋以来，建康宫之外城惟设竹篱，而有六门。”所谓建康宫外城即指建康城，表明自东吴、东晋和南朝宋以来南京早期城墙的一种特点：长期使用竹篱作为建城的材料，在公元 480 年发生了变化。城墙使用竹篱为建材，其特点是取材便捷、所需经费少、施工容易，成为南方部分城墙营造中的一个特点。即便到了清代，南方也还使用这类材料建城。如康熙五十六年（1717 年），台湾第一次以刺竹为城墙材料营造的嘉义县城。但是，以竹篱为建材营造的城墙缺点是显而易见的，如城墙不坚固，使用寿命不长，难以抵挡用火攻城的手段。一旦条件成熟，还是改换夯土或砖石材料筑城，遂成不争的事实。不仅南京城墙如此，清代台湾嘉义县城营造的城墙存世时间并不长，却也经历了竹木城、土竹城、三合土城和砖石城的四个阶段，最能反映这种城墙用材的进化规律。

梁武帝在位时（502—549 年）为六朝的鼎盛时期。由于中原人民大量南迁，建康人口剧增。当时建康城西到石头城，东到倪塘，南到石子岗，北过蒋山，东南西北的范围都有四十里，城市居民有二十八万余户。如果按照平均每户四口到五口人计算，当时建康城容纳了百万余人。建康城东面的青溪一带，城南朱雀桥、乌衣巷一带，都是贵族居住区。其中乌衣巷为东吴时期“乌衣营”（军服皆为黑色）所在地，后称这条小巷为“乌衣巷”，以王、谢两大家族最为显赫。后来唐代大诗人刘禹锡以诗怀念道：“朱雀桥边野草花，乌衣巷口夕阳斜。旧时王谢堂前燕，飞入寻常百姓家。”城中除了原先的大市、东市、北市等四个大型商市外，还有大小集市百余所。在城池建设方面，天监七年（508 年）正月，以卫尉卿丘仲孚领将作大匠（将作大匠，官名，司宗庙陵寝等公共建筑的营造）主持营造大司马门外的神龙、仁虎双阙，这是中国古代都城特有的礼制建筑，以象征皇帝居住的城市；天监七年二月，为了凸显都城的政治地位，还在越城南建造国门，以壮观瞻；天监九年春正月，为防止秦淮河的河水泛滥危及建康城，“新作缘淮塘，北岸起石头迄东冶，南岸起后渚篱门迄三桥”。天监十年，将两重宫城的城墙新增一重，每座城门辟两门道，这道城墙实际是宫中的围墙，与传统的城墙有一定的区别。

梁末的侯景之乱及平叛中，建康城遭到重创，城墙、城门及附属建筑皆无例外。557 年，南朝的陈霸先取代梁朝，建立陈朝，经过陈武帝、文帝、

南朝夯土城墙底部的墩台基槽

宣帝的不断修缮，建康城池才部分恢复了往日的旧观。然而，陈朝的君主们对礼制建筑尤其是亭台楼阁和花园的营造用心有余，而对城市重要的防御体系——城墙的修缮用心却明显不足。尤其是陈后主在位期间（583—589 年），这位曾著《玉树后庭花》的诗词爱好者在台城内建造大量供游乐建筑项目，其数量之多，装饰之奢华，可谓空前绝后，史称“盛修宫室，无时休止”。而作为城市防御工事的城墙，则几乎没有得到大规模修缮。当陈后主被隋兵俘获的时候，他所督造的宫中齐云观还尚未完工。

祯明三年（589 年）元月，隋朝大将韩擒虎、贺若弼各率大军，分两路攻占了建康城，陈亡。沉湎于歌舞升平的陈后主陈叔宝竟怀抱宠妃张丽华躲进了华林园一口枯井中，最后还是被隋兵活捉。所以，此井被后人称之“辱井”，又称“胭脂井”。

隋文帝杨坚为了彻底消除建康城在人们心中的政治地位和影响，防止被人占据称帝，遂下诏并“平荡耕垦”，繁华的建康城池竟成一片废墟。只留下建康城西的石头城作为“蒋州”的州城治所。隋炀帝杨广大业三年（607 年），改蒋州为丹阳郡，三年后在原蒋州城的旧址上修建丹阳郡城。当然，那已经是后话了。

第二节 ◎ 六朝都城的规制与增改

六朝时期的建康城，规制上由内而外分为『宫城』、『内城』、『外郭』与其他一些小城或者城堡，比如石头城。宫城内有太初宫、苑城、昭明宫、台城等附属建筑，并逐步完善。

六朝时期的建康城，从大的概念上看基本沿袭了孙吴创建的城市格局，但是在城门、护城河、宫城和外郭等许多局部和建材、规制等方面，有一个逐步完善和增改的过程。现按六朝的时间顺序，分述其宫城、内城、外郭以及各自的附属建筑：

一、宫城

宫城，是皇帝居住、办理朝政之重地，也是都城中的核心建筑群。围护宫城的城墙，不仅具有防御功能，还具有体现天子、朝廷和皇室威严的效果，所以为历朝皇帝所重视。由于受政权和文化的影响，六朝时期的宫城又呈现出由多宫分散的形制，逐步趋向统一、规模扩大、形制更加规范的建筑特点。

孙吴时期的宫城，是典型的多宫制。杨宽在《中国古代都城制度史研究》中指出：孙吴时期在宫殿布局上“继承东汉洛阳和汉末邺城的规划而有了进一步发展”，但在营造宫城城墙时，又受到春秋时期吴国阖闾宫城制度的影响。主要有太初宫、苑城和昭明宫。自东晋至南朝，宫城合为一处称建康宫、显阳宫，俗称台城。其他与城墙没太大关系、或者影响较小、甚至建筑于宫城之外的宫室，就不一一叙述了，如青溪宫、金华宫、安德宫等。

太初宫，位于建业都城中心偏西，是229年孙权迁都建业后的居住地。它原为孙权的将军府，247年经过改建后的宫城呈方形，周长三百丈，约合今制729米。规模虽然不大，却开有八座城门：南边开五门，中门曰公车门，东门曰升贤门、左掖门，西曰明扬门、右掖门，正东曰苍龙门，正西曰白虎门，正北曰玄武门。从城门名来看，是按照中国传统文化的“四象”来命名。四象，是指青龙、白虎、朱雀、玄武，分别代表了东、西、南、北四个方向，源于中国古代的星宿信仰。在二十八宿中，四象用来划分天上的星星，也称四神、四灵。四象在春秋易传的天文阴阳学说中，是指四季天然气象。孙权崇尚俭素，城内宫殿不起高台，许多建材是拆除武昌宫后运来再建的，宫室也没有进行雕梁画栋的装饰。宫城中的正殿为神

原国家文物局局长单霁翔视察南京图书馆新馆建造时发现的六朝建康宫城遗址考古现场

龙殿，东晋时连同太初宫毁圮，其遗址后来成为台城的一部分。《南京城墙志》载：“孙吴太初宫大约在今洪武路与淮海路交口北侧一带。”

苑城，是孙权所筑的另一座宫城，位于太初宫东北，城墙并不坚固，但范围较大，城墙长度不明。根据文献记载：257 年，孙吴会稽王孙亮曾选军人子弟 15 岁以上、18 岁以下三千多人，在苑城里比武，以年少而有勇力者为将帅。苑城中设有大型的粮仓（所以又有“仓城”之名），还有孙皓宠妃左夫人张氏的墓地。目前仅知在苑城南面开有苑城门一座，其他城门则不详。东晋时毁圮，其遗址后来成为台城的主要部分。

昭明宫，是建业宫城中又一处重要建筑，位于太初宫的东面，形成与繁华绮丽的太初宫齐名互映的效果，也是后来建康城中台城的一部分基础。267 年，由孙皓下令营造的昭明宫规模较大，周长五百丈，超过了孙权建造太初宫周长三百丈的规模。昭明宫建筑极尽奢华，以珠玉为饰，又因盛夏动工，延误农时，官民疲惫。昭明宫的城门目前仅知东城门曰弯碕，西城门曰临硎，宫中正殿名赤乌殿。东晋时遭毁，其遗址后来成为台城的一部分。根据《南京城墙志》载：“昭明宫约在今大行宫中山东路和太平南路交口东侧一带。”

台城，是东晋时期所筑的宫城，称建康宫、显阳宫，是南朝政权核心所在地。魏晋南北朝时期称皇帝的住所禁地为“台”，后人遂将东晋、南朝时期建康城中环绕禁地（台）所筑的城墙包括城墙内的皇室建筑俗称为“台城”。根据近年考古及研究，台城的中心位置大约在今大行宫地区。自 330 年起，台城营造工程耗时两年多，由于政局初稳，经济尚未恢复，宫城的规制尚不完备，宫城西南一段城墙甚至还临时用茆苫（一种植物）来围挡。直到 339 年，才开始用砖来包裹原先土筑的城墙。在之后朝代中，又不断有修筑、改筑之事，直到 589 年隋灭陈朝后彻底被毁。建康宫在鼎盛时期有两重墙（另有一说为三重城墙，但最内重城墙周长不明），外重周长有八里，约 3499.2 米；内重周长有五百七十八丈，约 1404.54 米。每重城墙因时代各异，均开有数量不等的城门，许多城门上设有城楼，城墙拐角处还设有角楼，最外重城墙开挖了护城河，两岸还筑有护岸木桩。军事防御的功能显著，如南朝萧梁后期的侯景之乱时，侯景历时半年才攻占了台城。

东宫城，是为太子所居而营造的一处城中城，规模和奢华仅次于台城。自东晋初年始筑，曾多次迁挪，至 438 年在台城东华门外新筑东宫城后，直至南朝陈灭亡未再迁址。据《宫苑记》记载：东宫“四周土墙、堑两重，在台城东门外，南、东、西开三门”。东宫的南门为承华门，东门为安阳门，西门为则天门。在梁末的侯景之乱中，两军各据东宫城和台城的城墙上相互射箭，可以看出东宫城距离台城不会太远。

二、内城

六朝时期的内城，随着朝代变更，被冠以建业、建邺和建康等城名。内城的性质、形制、方位、范围等诸多问题，始终是学术界关注和争论的焦点，现参考《南京城墙志》等，记述如下：

内城，实际上是护卫宫城的城垣。城墙的周长基本没有太大的变化，大约为 8775.7 米，有天然河流和人工开挖的护城河环绕。城墙早期使用竹篱或以竹篱为主的筑城材料，480 年开始用砖外包城墙。城墙形状为南北稍长的长方形，城市中轴呈东北——西南约 25° 的走向。早期城门数量不明，仅知在城南筑有俗称的白门，到东晋咸和五年（330 年）时共筑有六座城门。其中南面三门、东面两门、西面一门，北面因与台城共用北墙而无门。南朝刘宋元嘉以后，城墙增开至十二门，但仍以“六门”代称建康的都城。这十二座城门，分别为南北各设四门，东西各设两门，大致呈两两相对的布局。

对于六朝时期内城的四界范围，目前还缺乏充足的可以判定的考古材料和文献资料，仍是学术界的讨论话题。

三、外郭

六朝时期的外郭始筑于东晋初年，是建康都城外围的第一道防御工事。外郭的周长和城墙等具体情况不明，仅知设有城门。外郭范围大致跨秦淮河下游一段南北两岸、“西达石头城东、北抵覆舟山南、东极东府城东、南据越城南”。据《南朝宫苑记》载：“建康篱门：旧南北两岸篱门

五十六所，盖京邑之郊门也。如长安东都门，亦周之郊门。江左初立，并用篱为之，故曰篱门。”从这段记载来看，六朝早期筑城使用篱笆为墙体由来已久。所以，东晋初年即便筑有外郭墙体，也是比较简陋的，或者也是篱笆营造的。文献记载有城门名的篱门仅有 8 座，分别为南篱门、三桥篱门、东篱门、北篱门、西篱门、白杨篱门、石井篱门、后渚篱门。

四、其他

六朝都城周边还分布着一些小城或城堡，其中最重要的是石头城。

石头城，又称石首城、石城，后以讹传讹将其一段墙垣俗称为“鬼脸城”。212 年，孙权在石头山金陵邑旧址上扩大范围，修筑石头城，城周为七里一百步，作为当时孙吴的水、陆军事基地。据顾起元在《客座赘语》中称：“宿师以守，盖如古人连营之制”，说的正是石头城城堡的性质。因此，孙吴早期建造的石头城，是一座军事防御性质的城堡，后来成为护卫建业城池的军事要地。关于石头城的规制和遗存，据《丹阳记》载：“石头城，吴时悉为土坞，晋义熙（405—418 年）初始加砖累甓，因山为城，因江为池，地形险固，尤为奇势。”然而，到了萧梁末年，陈霸先率水师自镇江逆江来到石头城下，看到的是“石头城北接岗阜，雉堞不甚峻”了。至

左：狮子山段明代城墙内发现的早期包砖古城墙　右：石头城遗址

钟阜门段城墙考古发现的地基，疑为白下城遗址

明代时，“自清凉寺而上，皆古石城，颓墉犹可识”。近年在清凉山一带考古发掘中，还发现了其东、北、西三垣，宽约 10 米，残高超 6 米。

除了石头城外，分布在建康城周边地带的其他一些小城或城堡大致有：金城（即琅琊郡城、又称蒲洲金城，位于上元县金陵乡）、白马城（江宁区境内）、吴王城（六合区境内）、西州城（即古扬州城，位于今南京朝天宫东侧；一说在冶城之西)、东府城（位于今通济门南侧)、丹阳郡城（位于南唐城墙东南角)、临沂城（约在今笆斗山东北一带)、怀德县城（曾改名为“费县”城，位于今市内五台山一带)、江宁县城（位于今江宁区)、同夏县城（梁武帝在其故里上元县所筑）以及白下城（又有白石垒别称，位于幕府山西南)、新亭垒（属于城堡性质，位于南唐城之西南)、药园垒（覆舟山南侧，晋末刘裕筑)、东晋五城（江宁区境内，王含筑）等，先后在南京地区筑有大小城堡多达近三十座。这些在都城外围建造的城堡和附郭城，主要出于当时政治、军事上的需要，对拱卫京师都城起到了一定作用。

第三节 ◎ 六朝城墙的文化意义

六朝时期的城墙被隋炀帝几乎夷为平地，
然而其独特的魅力和文化意义仍然影响着世人。
从西晋左思的《三都赋》开始，
建业城就进入文化人的视野，并引起高度关注，
台城遗迹也不断被唐宋文人所缅怀，
南京城墙在南京城市文化史上成了一个坐标，
使人们对这座城市的认识和理解有了深度和定位。

中国城市的城墙中，六朝时期的都城具有特殊的文化意义。无论是它的诞生，还是它的消亡，都能吸引世人——尤其是文化人的目光，甚至在城墙荡然无存的许多年以后，人们还是愿意拿它来说事。这种城墙文化现象在中国古代城墙中实属罕见。

西晋文学家左思创作的《三都赋》(即《吴都赋》、《魏都赋》、《蜀都赋》)在洛阳传出后，人们竞相抄写《三都赋》的内容，而造成纸张供不应求，纸价上涨，中国成语中"洛阳纸贵"就是指此情形。除了左思优美的文笔，描述魏、蜀、吴三个国家的概况，尤其是三个都城的城市规划和景观，更是人们迫切希望了解的重要内容之一。其中《吴都赋》中，城市城墙和布局是如此雄

壮、又如此美丽:“徒观其郊隧之内奥,都邑之纲纪。霸王之所根柢,开国之所基趾。郛郭周匝,重城结隅。通门二八,水道陆衢。…… 高闱有闶,洞门方轨,朱阙双立,驰道如砥,树以青槐,亘以绿水,玄荫耽耽,清流亹亹。列寺七里,侠栋阳路,屯营栉比,解署棋布。”西晋另一位文学和书法大家陆机(261—303 年),时有“少有奇才,文章冠世”之称,原本也打算写《三都赋》,但是感觉很难超越左思,就放弃了这个念头。东吴大帝孙权在南京创建的第一座都城 —— 建业城,就这样进入了文化人的视野,并引起人们的高度关注。

六朝时期城墙被毁后,仍然受到后世的关注,今天的学术界亦如此。日本学者伊原弘在《宋元时期的南京城》一文中称:“六朝时期南京城的形态与日本的都城(指有城堡的城市 —— 笔者注)制度息息相关。”更有趣的是,六朝时期另两座小城 —— 台城与石头城,则影响更广。这两座城池的文化符号意义直到今天还被人们津津乐道。

台城,是东晋和南朝政权核心所在地,在政权频繁更迭中发生和流传出很多皇室故事,为后代文人骚客所乐道。所以,“台城”的名声远远超出了建康宫的正名。“梁武帝饿死台城”的故事,就是其中之一。南朝,那个曾推翻南齐做了皇帝的梁武帝萧衍,一生崇信佛教,曾 4 次“舍身”出家同泰寺,再由群臣重金将其“赎回”。梁武帝在 85 岁时,却被叛将侯景软禁在台城的净居殿,不给生活用品,限制他的饮食,不久忧愤成疾而亡。

唐时台城尚有部分遗迹,故让一些诗人留下委婉哀戚和抒写世事兴衰的千古绝唱。如唐朝花间派词人韦庄(836—910 年)在《台城》诗中写道:“江雨霏霏江草齐,六朝如梦鸟空啼。无情最是台城柳,依旧烟笼十里堤。”诗中画面是江南美好的景物,而通过“梦”、“空”和“无情”几个关键词,却使人对台城所隐喻的六朝政权和史事,产生了诸多遐想和感叹。元代张铉在《至正金陵新志》中称:“台城,一曰苑城,本吴后苑城。晋成帝咸和中,新宫成,名建康宫,即世所谓台城也。在上元县东北五里,周八里,濠阔五丈,深七尺。今胭脂井南至宣阳楼基二里,即古台城之地,尽为军营及居民蔬圃。”这说明台城的遗迹在唐朝之前还能寻踪觅影,至杨吴因兴筑金陵府城而逐渐荒芜,成为“蔬圃”之地。

自晚清以后,可能出于对台城一种文化的眷念需要,人们误将鸡鸣寺后面一段400余米长的明代城墙讹称为“台城”。到了民国时期,这段所谓的“台城”被更多文化人所魂牵梦想,以致著名章回小说家张恨水(1897—1967年)说:“城墙是大美玩意儿,而台城这一段墙,却在外(后湖)看也好,在里看也好,难道我有一点偏见吗?”从各种文献记载和实地调查、考察情况来看,现在人们传说的“台城”——南京解放门向西一段城垣(今属南京市明城垣史博物馆),与六朝时的台城(即建康宫)毫无瓜葛,这是明洪武十九年(1386年)“新筑后湖城”时遗留下来的一段“废城”。后人看重台城,是它具有历史文化符号的意义。

六朝城墙的另一个文化符号是石头城。唐朝诗人刘禹锡任和州刺史时(824—826年)作诗《金陵五题》,以联章方式,歌咏南京的五处古迹,总结历史教训。第一首就是《石头城》:“山围故国周遭在,潮打空城寂寞回。淮水东边旧时月,夜深还过女墙来。”到了元朝,诗人萨都剌登上石头城,抚今追昔,用苍凉的韵调,以富有悲剧意味的形象,发出了风云易消、青山常在的感慨:“石头城上,望天低吴楚,眼空无物。指点六朝形胜地,唯有青山如壁。蔽日旌旗,连云樯橹,白骨纷如雪。一江南北,消磨

被误传的“台城”

多少豪杰……”此后，以石头城为题材的诗文佳作层出不穷，成为南京城市文化的一个重要组成部分，影响极大。

六朝的台城和石头城，在南京城市文化史上似乎成了一个坐标，使人们对这座城市的认识和理解有了深度和定位。南京长期被解读为一座充满伤感的城市，恐怕这也是由来之一吧。

◎ 第三章

承前启后南唐城

公元589年,六朝建康城池真的被夷为平地?昔日城市大道真的化作乡间阡陌小路了吗?事实上,隋兵的毁城似乎并不彻底,他们并没有清理焚烧后残留的殿堂基柱和城墙的残垣断壁,秦淮河(今中华门内的内秦淮河一段)北岸的朱雀门和城楼依旧高耸,甚至南朝陈后主的故宫(即所谓的台城),在622年被举兵造反的辅公祏修缮后仍可以居住!没有彻底被毁弃的城池,立即引起一位著名建筑师的关注,他就是隋新都大兴城(今陕西西安)的规划师宇文恺(555—612年)。宇文恺赶到建康城后,收集了大量有关的建筑资料,并且"遂量步数,记其尺丈"。这些实地勘查和采集资料的工作,对他在隋炀帝杨广即位(604年)后主持营建东都城(今河南洛阳)发挥了重要作用,他也因此被升为工部尚书。

隋炀帝大业三年(607年),改蒋州为丹阳郡,三年后在原蒋州城的旧址上,修建丹阳郡城。隋朝时期,南京附近还有江宁县城(即晋时西州城旧址,位于今朝天宫以东一带)等几座小城堡。

唐朝沿袭隋朝遏制金陵的政策,在建制上最高等级至郡、州,更多时期仅为其他郡、州的辖县。这种状况不可避免地对城墙的建造产生了很大影响。近三百年间先后在南京地区建造、修建的城池、城堡有扬州城(六朝石头城改筑)、昇州城(江宁郡)、上元等县城(西州城旧址、凤台山

◎◎《秣陵集·隋蒋州图》

西南等处)、白下县城(也称“白下城”,六朝白石垒故址)、辅公祏城(古燕雀湖畔)以及杜城(今溧水县杜城山)和韩滉五城(即“安史之乱”后,韩滉在上元县、石头城等处修筑的城池)等,规模都不是很大。

就南京城墙发展来说,隋唐时期的城墙属于低谷时期。到了唐末,由于藩镇割据,北方战乱不休,而占据长江中下游及金陵一隅的杨吴、南唐这两个政权,经过先后几十年的经营,使金陵在六朝之后重新成为东南地区政治、经济中心。与此同时,这个时期建造并成为南唐都城(早期称“江宁府城”)的城墙,成为南京城墙建造史上承前启后的一座重要城池,为此后宋、元两代长期沿用,其城市格局还直接影响到明都城市的规划和建设,对南京城的发展产生了重大影响。

第一节◎杨吴、南唐政权与城池营造

唐宋之交的五代十国时期，
江南的杨吴、南唐政局相对稳定，
经济及文化等诸多领域均得到发展。
据文献记载，南唐都城城垣前后至少有五次修筑。
惜南唐后主李煜被赵匡胤囚禁后，
雕栏玉砌也不复犹在，城墙再次被烧毁。

唐宋之交的五代十国时期(907—960年)，江南的杨吴、南唐政局相对稳定，经济及文化等诸多领域均得到发展，据《旧五代史》载:“其地东暨衢、婺，南极五岭，西至湖湘，北据长淮，凡三十余州，广袤数千里，尽为其所有，近代僭窃之地，最为强盛。”这是南京城墙在杨吴、南唐时期得到长足发展的重要基础和时代机遇。

唐昭宗天复二年(902年)六月，吴王杨行密攻取昇州(今南京)，昇州自此纳入杨吴版图。杨吴天祐九年(912年)，杨吴权臣徐温的养子徐知诰以功升任昇州刺史，开始了他以金陵为根据地的政治生涯。公元927年，徐温去世，徐知诰自此成为南吴的实际统治者。天祚二年(936年)十一月，吴主杨溥诏令齐

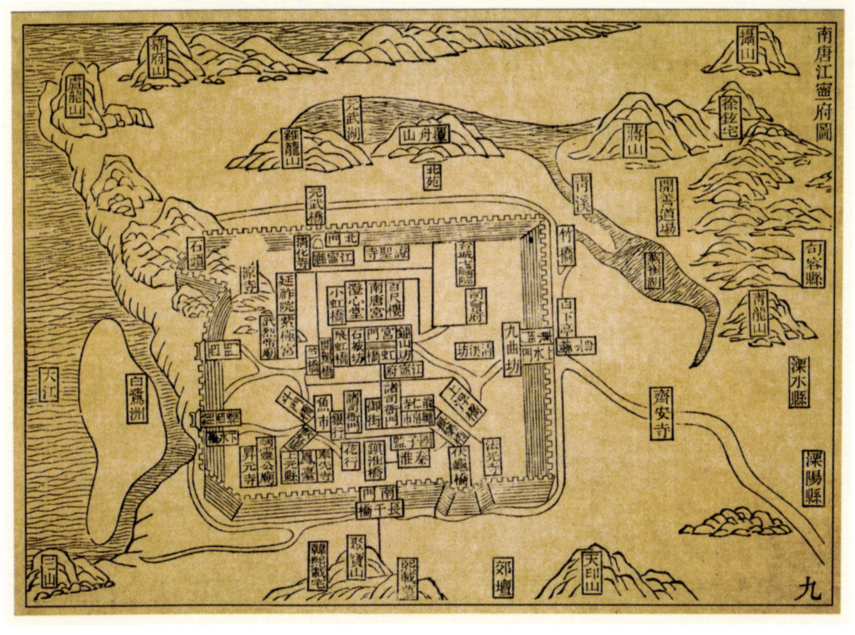

◎◎《秣陵集 · 南唐江宁府图》

王徐知诰设置百官，以金陵府为西都。在金陵地区设置上元、江宁二县，同城而治。自隋唐以来一度受到冷落的南京城，这时又开始兴旺起来，进入了复兴时期。次年正月，徐知诰始建齐国，立宗庙、社稷，改金陵府为江宁府。十月，齐王徐知诰正式受吴禅，即皇帝位，改杨吴天祚三年为升元元年，以原都城广陵（今江苏扬州）为东都。升元三年（939 年）二月，徐知诰称自己是唐明皇第六子永王的后裔，改国号“大齐”为“大唐”，恢复李姓，更名为“昪”，史称“南唐”。昔日之江宁府城，正式成为国都性质的城池。

南唐都城城垣的修筑，据文献记载前后至少有五次：（1）自公元 914 年至 917 年，徐知诰开始第一次修造昇州城（即金陵城）；（2）自公元 917 年至 920 年，由镇海节度判官陈彦谦主持对金陵城池尤其是外城和府署的修建；（3）公元 932 年，徐知诰在金陵城的基础上进行了扩建，“广金陵城周围二十里”，并开挖了与城墙配套的护城河；（4）公元 959 年，南唐中主李景接受北方后周世宗的建议，对金陵城垣进行修缮；（5）公元 974 年，在北宋大军压境江南之际，南唐后主李煜为抵御北宋发动的吞并南唐国的战争，“筑城聚粮，大为守备”。据《南京城墙志》载：前两次早期修城，虽然时间并不短，但是规模不大；后两次修城因国势危蹙，难以有足够的财力和条件重筑南唐都城。所以，“高三丈，因江山为险固，其受敌惟东、北两面，壕堑重复，皆可坚守”的一代巨构，只能是在实力鼎盛、雄霸一方的徐温、徐知诰时期筹划营造。尤其是第三次的“广金陵城周围二十里”的建城工程，为徐知诰打算在金陵称帝做都城建设的前期准备。

南唐都城的布局，具有中原文化孕育发展起来的都城风格。它一改六朝时期建业、建康都城倒梯形式样，沿袭了中国汉唐以来都城取方形的制式，为内外两重城垣（另有“三重城墙”之说，但尚无定论）。外城涉及的范围，据明代陈沂在《金陵古今图考 · 南唐江宁府图考》中描述：“北（与）六朝都城近，南贯秦淮于城中。西据石头，即今石城、三山二门；南接长干，即今聚宝门；东门以白下桥为限，即今大中桥；北门以玄武桥为限，即今北门桥。”都城坐北面南，城墙周长“二十五里四十步”，约等于今天 14 公里，环以护城河。城墙外侧的西、南两条护城河，今天称之为外秦淮河，直接通达长江；城墙外东、北两条护城河也分别与外秦淮河相连，明初扩建城墙时将其大部分围入城内，今已萎缩为小河沟，甚至消失，仅留下“干河沿”、“干河崖”等地名。南唐都城开城门八座，以都城南门（今中华门即为其旧址）为坐标，按顺时针计：南门、下水门（水门）、龙光门、栅寨门（水门）、西门、玄武门、东门（又称白下门）、上水门（水门）。其中上水门和下水门分别为秦淮河入城和出城的水门，这两座城门外相连的护城河（今称“外秦淮河”）全部为当时的人工开挖。

大行宫地区发现的南唐城砖

南唐城墙的墙体高度不足十米，墙体内部以夯筑为主，在城墙外侧、城门等关键地段使用了砖、石等材料，城上设有用于防御的城屋和女墙，在城墙的西南上面还筑有伏龟楼，用于军事

疑为六朝孝侯台基址或南唐都城伏龟楼遗址

守备瞭望。在城墙外还建有宽四丈一尺的卧羊城（即羊马城）以及关城。城门外护城河上建有相应的桥梁，如白下门外的白下桥、南门外的长干桥、玄武门外的北门桥等，这些桥梁是人们进出城池的交通要道。

南唐宫城又称皇城、子城、内城，基本位于都城的中央，大致接近方形，南北略长，东西略短。南唐立国之前，宫城还被称为“牙城”，先后作为徐温、徐知诰的大都督府、天下兵马都统府等府衙。宫城经过多次营建和改建，于公元 932 年才基本完成了各项主要建筑，包括数座城门和城楼的改建工程。据明代陈沂《金陵古今图考 · 南唐江宁府图考》记载：南唐宫城位于“内桥之北，东尽升平桥，西尽大市桥，北到小虹桥，此宫城之限”。宫城城墙“四里二百六十五步”，约为今 2618.9 米。宫城开筑了朝元门、顺天门、镇国门、便门等城门。另据清代学者顾祖禹在《读史方舆纪要》中称：南唐宫城“周四里有奇，亦曰牙城，有东、西、南三门，而无北门”。在城墙四周还开筑了护城河，南段称“南濠”，东、西、北段三面称“护龙河”。20 世纪 80 至 90 年代时，南京市博物馆考古人员曾在建邺区张府园小区建设中，多次发掘出用条石砌成的护岸。该河道为南北走向，呈南偏西 20°，暴露出的条石护岸长近 400 米，宽约 6 米，护岸底部条石下分布着密集的木桩，排列非常整齐，河道内出土的最早遗物尽属南宋时期。据此结合文献资料，专家们确定该护岸为南唐时期宫城外西侧的护城河。并由此推测，南唐皇宫宫城遗址大致在东至（今）白下路，南至（今）内桥，北至（今）淮海路，西至（今）张府园范围内。

南唐宫城内建筑大致可分属前朝、后寝、园苑等。宫城内主要建筑有兴祥殿（李昪在此殿改国号为大唐，复姓李氏）、武功殿、崇英殿（或称崇英院）、升元殿、万寿殿、瑶光殿、柔仪殿（后主李煜建，为小周后寝殿，极尽奢华）、龟头殿、光政殿、集贤殿、积庆殿（后改名穆清殿）、百尺楼、凝华内殿等殿宇。宫中还有勤政殿、澄心堂（专供澄心堂使用所造的"澄心堂纸"最为后世所推崇珍藏）、德昌宫（宫城内库藏之所，在宫城东北）、月台、饮香亭、红罗亭、摩诃池、华林广园。由于南唐中主李璟及后主李煜都极好浮屠，不恤政事，在宫城内竟造了佛寺十余座，如永慕宫（或称永慕尼院）、归德尼院等。

公元943年，李昪去世，其子李璟继承皇位。李璟大肆用兵，在945年攻灭闽，又抓住南楚内乱的机会于951年将其消灭。李璟一直采取联合契丹来压制后周的政策，最终导致后周与南唐兵戎相见。957年，后周世宗南征南唐，李璟大败，割让长江以北十四州给后周，并且去掉自己的帝号，只称江南国主，并改名"璟"为"景"。公元961年，李景去世，太子李煜即位。与李璟相比，李煜的登基无疑是一场悲剧。他从君王沦为阶下囚，以至于后人评述他是"误为人主"。中国历史上李璟和李煜都是著名的词人。特别是李煜，他在亡国以后写下具有浓厚伤感情绪的《虞美人》："春花秋月何时了，往事知多少，小楼昨夜又东风，故国不堪回首月明中。雕栏玉砌应犹在，只是朱颜改。问君能有几多愁，恰似一江春水向东流。"堪称词史上的千古绝唱。李煜虽然是一位出色的词人，但却不是一位出色的君主。973年，宋主赵匡胤召李煜入朝，李煜拒绝，赵匡胤遂派兵进攻南唐。李煜几次派使者请求来军退兵，并派大学者徐铉到汴梁说情。徐铉说："李煜无罪，陛下师出无名。李煜从来以小事大，如子事父，未有过失，为什么要兵戎相待呢？"赵匡胤厉声道："既然称为父子，为什么要分成两家？但天下一家，卧榻之侧，岂容他人鼾睡！"975年冬，宋军攻陷金陵城，李煜率群臣袒胸露臂跪拜投降，南唐灭亡。而奢华一时的南唐旧宫许多建筑也于北宋庆历八年（1048年）正月被一把大火焚毁。

第二节 ◎ 南唐城池的意义

杨吴、南唐政权虽仅七十余年，却在南京古代城垣建设史上具有重大意义，是六朝之后南京城市发展的又一次高潮。从城池防御的角度、都城布局制度、城市文化传承方面都对后世有着巨大的影响。

杨吴、南唐政权虽仅七十余年,却在南京古代城垣建设史上具有重大意义,是六朝之后南京城市发展的又一次高潮。这座城池的意义,主要体现在以下几个方面:

从城池防御的角度来看,在攻城战具不断改进的刺激下,南唐都城在筑造艺术上较之六朝的建业城,有了长足的进步和发展。

公元前 5 世纪至公元 10 世纪的冷兵器时代,攻城战具在实战中得到不断改进和发展,诸如:跨越护城河的战具就有“飞桥”、“蛤蟆车”等;为掩护士兵靠近城墙,出现了“轒辒”、“尖头木驴”、“头车”、“木幔”、“扬尘车”等;登城战具则有“钩援”、“云梯”、“飞梯”、“飞楼”等;毁城战具有“冲车”、“钩堞车”、“鹅车”、“火车”等;还有用于攻城侦察的战具“巢车”、“望楼车”等。针对攻城战具的发展,在隋唐时期(6—10世纪初)已有了计算构筑城墙土方的公式和计算挖掘护城河土方量的公式:墙高 =2 底宽 = 4 顶宽;若筑155米城墙,约需功23500人/日。挖掘护城河的经验公式是:河面宽 =2 底宽 =2 壕深;若挖掘155米外壕,约需功2500人/日。南唐都城在这样的筑城背景下,不仅摈弃了六朝城墙部分采用竹篱的形式,全部改用夯土、砖、石构造,还大规模开挖了护城河。近15公里南唐都城的护城河(史称“杨吴城壕”)更是超过了常规,河深约4米,河床则宽约90米。这条护城河充分利用和改造了原有的人工和自然水道,其中在今通济门外七里村附近,人为地把秦淮河分为两支:一支为“内秦淮”(即秦淮河的干流)由上水门(今东水关)入城,另一支为“外秦淮”,则绕金陵城南边城墙而开挖,在下水门(今西水关)与出城的“内秦淮”汇合,从此以后,秦淮河下游才有内、外之分;宫城周围的护城河,引运渎、青溪之水作为水源。由于南唐都城和宫城经过多次大规模的修筑,城垣雄伟牢固,据《老学庵笔记》记载“至绍兴间(1131—1162年)已二百余年,所损不及十之一”。

南唐时期的都城范围明显向南扩张,但仍处在四周山峦之内,如城北的鸡笼山、黄泥岗(今鼓楼),城东北的钟山,城南的聚宝山(今雨花台),城西北的清凉山等。天然的山势并未成为拱卫城池的屏障,诚如顾起元在《客座赘语》中所说“四顾山峦,无不攒簇”。不过,南唐金陵城对自然山体开始了局部利用,特别在城南的部分城墙,从南门两侧各向东西延伸,将一些小丘纳入了墙体筑造,增强了城池的军事防御能力。

从南唐都城布局制度上,呈方形的都城城墙更多汲取了传统中国都城布局制度,体现出中原地区都城布局发展趋势对南唐都城的影响。南唐都城的范围,较六朝建康城更向南移,首次把秦淮河下游两岸的商业区和居民区明确纳入都城之内。日本学者称南唐都城具有“战略性的意图及经济形态”,给予了高度评价。

综观中国古代都城布局的发展,有三次重大的变化。据杨宽在《中国古代都城制度史研究》中称:第一次,从西周到春秋战国时期,都城由一个“城”发展为和“郭”联结的结构，也就是两重城墙；第二次，从西汉到东汉，都城布局从坐西向东转变为坐北朝南；第三次，从魏晋南北朝到隋唐，从坐北朝南发展为东西对称、南北向的中轴线布局。南唐时期的金陵城基本符合中国古代都城布局的发展规律。南唐都城在中心设置宫城，从宫城南门过虹桥即可抵达中心街——御街，御街再向南是朱雀桥（也称“镇淮桥”），过桥便是进出都城的南门，从而形成一条南北向的中轴线。中心街也是中国古代都城的一个特点，它是城池的主要干道、全城的枢纽，一般路面宽广，方位正南。如西汉长安城的安门大街、唐代长安城的明德门大街、南唐金陵城的南门大街、北宋东京城的南熏门大街和朱雀门大街、明清北京城的正阳门大街等，都是最主要的中心街。其中南唐时期的御街很宽，据2007年4月考古发掘，在今内桥东南、中华路东侧的中华广场工地发现了南唐时期的御街及其东侧路沟，路沟砖砌，底宽90厘米，不少沟砖的侧面模印有“乾德六年”（968年）、“四年”等纪年，路沟距今中华路东侧人行道路牙19.6米。

考古发现的南唐御沟及“乾德六年（968年）”铭文砖

御街两旁分布有各类官署，即所谓“诸司庶府，拱夹左右”。朱雀桥北、御街东侧滨淮置学宫，开国子监，俗称国子监巷，又称草巷。宫城前面还有一条东西向大街，横贯都城东门和西门之间，是南唐都城最为重要的东西向中轴线，把都城分为南北两部分。北部主要是宫城、皇家园苑、各级官衙以及军队驻所等，南部除御街两侧外多为居民住宅区、市集及手工业作坊等，如专营绣花的花市在花行街，专事金银器制作的银行在金陵坊银行街，鸡行所在的鸡行街是当时繁华闹市，又是南唐进士放榜之地，朱雀桥、新桥、笪桥等周围均为商市。

在宫城以东的东西向大街北侧，有东宫和统管六部的尚书省。在宫城以西的东西向大街北侧有西苑等建筑。在宫城之北有北苑与之相邻，北苑乃南唐禁园。后苑之北、原六朝台城故址还有南唐先主李昪即位前的旧宅德明宫。都城之内其他重要建筑还有南园、升元寺、城隍庙等。都城之外西北有石头城遗址。

从城市文化传承方面来看，南唐都城对后世明代的南京城影响最大，并成为明代南京集中的商住区，奠定了南京城市文化具有代表性的区域空间。如果说，六朝时期南京的城市文化空间被隋兵肆意打破、毁弃的话，南唐都城则重新将支离破碎的城市文化空间进行了更大范围的修补、整合和重塑。

自六朝时期开始，南京秦淮河、青溪下游两岸就是大族聚居、商贾云集、人文荟萃之地，直到营造南唐都城之后，秦淮河下游长达十里的地段和两岸全部被围入城中。南唐城墙囊括其内的远不止一段秦淮河，还有南唐之前城外的许多著名地点，如桃叶渡、凤凰台、杏花村等，长干里、孝侯台、赤石矶和横塘等地也被全部或部分地收入城中。自六朝以来诸多诗人或借景抒怀，或汲古求新；或缠绵烟水，或高歌跌宕…… 南唐都城在“无意”中，将其之前的南京地区文化定格在南京城市文化范围。以致后世不明就里的人提出疑问：李白在诗句中的“牧童遥指杏花村”，怎么

会在城里?

南唐时期创造的城市文化，是在统治者提倡儒学、北方士人南下、植根于江南的六朝文化基因等背景下得到展现，此时社会政治出现了文人化的倾向，大量知识分子参与南唐国家政治系统的运作。时代赋予了他们充满风流特征的个性，也通过他们反馈全新的社会信息。比如当时著名的南唐宰相和文人韩熙载“丰彩照物，每纵辇春城秋苑，人皆随观”。他发明的一种叫做“韩君轻格”的帽子款式，应是较早的时尚发布。南唐画家顾闳中的《韩熙载夜宴图》，再现了韩熙载丰富多彩的夜生活，颇有现代的休闲情调。周文矩的《重屏会棋图》，反映的是宫廷休闲生活，虽是皇室兄弟，仍洋溢着作为文人的情趣。

以南京作为都城的六朝与南唐，其结局都是一出悲剧。南京城市的厚重感，忧伤之城的印象，就这样在城市波浪似的发展中出现了历史的积淀。

《韩熙载夜宴图》

第三节 ◎ 宋元时期的城池

从宋代到元末，政权虽有更迭，但是南京城在六朝、南唐所创建东南重镇的地位，不仅没有因为建都于此的政权消失而沉沦，反而随着江南经济得到进一步提升。据《南京城墙志》载：宋代对南唐留下的这座城池先后进行过至少十次修缮和修筑。

宋开宝八年（975年），北宋兵入金陵。由于李煜率群臣投降，未发生城池争夺战，城池没有遭到毁损。南宋时期，南京一度作为留都，是地位仅次于临安（今杭州）的重要军事和政治中心。从宋代到元末（12—14世纪中叶），政权虽有更迭，建制虽有沉降，但南京城在六朝、南唐所创建的东南重镇的地位，不仅没有因为建都于此的政权消失而沉沦，反而随着江南经济得到进一步提升，当时就有人称“国家之根本在东南，东南之根本在建康。雄山为城，长江为池，舟车漕运，数路辐辏，正今日之关中、河内也。”这一时期的府（州、路）城城墙周长、形制、范围和城门数量、位置等，尽管仍沿用南唐都城之旧，但经过南宋时期多次大规模的增创改筑，其面貌并非完全是南唐的旧观，城池及各项附属设施更加完备。

据《南京城墙志》载：宋代，对南唐留下的这座城池先后进行过至少十次修缮和修筑。尤其在南宋时期，因抗金的需要，建康府城经多次修筑，城高池深，气势雄伟。

第一次，宣和三年（1121 年），北宋派重兵镇压了方腊农民义军之后，朝廷有感于城池的重要作用，“诏修江宁府城壁，仍招置修城人兵三百人，专一修浚，不得别兼他役”。

第二次，建炎元年（1127 年）五月，朝廷诏令永兴军、襄阳、江宁三地增葺城池，修造宫室官府，以备宋高宗赵构巡幸。江宁府城此次修缮由江宁府知府翁彦国主持，耗费 50 万贯，“创修宫室，一新城池，鸠工聚材，计置砖灰，工料浩大”。

第三次，建炎三年（1129 年）十一月后，金兵占领建康，并欲长留建康，“在建康筑城”，“陆修城垒，水造战船”，又于“蒋山、雨花台两处各扎大寨，抱城开河两道以护之”。但是，次年五月金兵北逃之际，又大肆焚掠，城邑廨宇悉为灰烬。

第四次，绍兴五年（1135 年）正月，局势稍稳，高宗拟返还临安，再命建康守臣修筑城池，缮治行宫，以备驻跸建康。此次筑城，工程浩繁，“筑城浚濠，调五县夫，计役三千人”，后改差邻近诸郡厢军等参与其役。

第五次，绍兴七年（1137 年）三月，高宗来幸建康，督府再次请修建康城。时军储不足，民力已困。不久，即“诏罢筑城”。

第六次，绍兴十一年（1141 年）十二月，南宋与金议和之后，北方威胁暂缓，高宗对宰相秦桧提出：“仍修建康，为定都之计，先宗庙，次太学，而后宫室。”但是，城池修筑有无落实，至今不明。

第七次，绍兴三十二年（1162 年），再修建康府城，同时缮治的还有建康行宫。此次筑城应与高宗最后一次来建康有关。

第八次，乾道元年（1165 年），因建康府城池年久颓塞，对其进行“兴工补筑”。工程由同年二月新上任的建康府知府汪澈主持，耗费约“二十万贯”。

第九次，乾道五年（1169 年），建康知府、行宫留守史正志“因城坏，复加修筑，增立女墙”。此后，史正志还新建或重建了贡院、新亭、东冶亭、二水亭、青溪阁、镇淮桥、饮虹桥等市政建筑，被誉为“职务振举”，并因此获赐金带。

第十次，景定年间（1260—1264年）至咸淳初年（1265年），由于南宋政权出现被北金吞并的危机，对建康城池和包括城门在内的附属建筑进行全面修筑、疏浚。工程由三任建康知府的马光祖及其继任姚希德先后主持。竣工后的建康城池不仅城高池阔、规模雄壮，而且设施完备，坚固非常，是宋代最大的一次建康城池修筑工程。此外，马光祖、姚希德还将府城内外诸桥也修葺一新，新建和重修了四城门接官亭、赏心亭、白鹭亭、折柳亭、伏龟楼、横江馆、通江馆、东南佳丽楼、东冶亭、知稼亭等一大批建筑，城市面貌焕然一新。

宋代，在建康城池的长江沿线以及周边关隘要津地段，还建造过一些军事堡坞。对于宋代的建康城池，以往人们除了通过文字记载，更多的只能在《景定建康志》的一些平面图中获得抽象的认知，没有直观的感性认识。台北“故宫博物院”收藏的《仿宋院本金陵图》有两幅，一幅是乾隆五十二年（1787年）谢遂所画，另一幅是乾隆五十六年（1791年）杨大章所绘。显然，《宋院本金陵图》深得乾隆皇帝喜爱，为此他还写了《题

宋院本金陵图》一诗："琼窗绮榭簇勾栏，蜜意酣情各缔欢。官妓遗风自唐宋，政咸何体污衣冠。几经富庶几离乱，富庶欢娱离乱愁。只有秦淮一片月，溶溶无意照千秋。"相距4年乾隆皇帝再次命专攻人物与花鸟画的杨大章摹仿，是否是不满意谢遂的摹本，尚不得而知，台北"故宫博物院"书画专家侯怡利研究认为，杨大章的《仿宋院本金陵图》较谢遂的版本更为细腻，且用色鲜明清亮，细节部分相当考究。从杨大章《仿宋院本金陵图》中的人物穿着以及商贩所售莲蓬头等信息判断，该画卷"应该是描绘夏末秋初的景致"。

《仿宋院本金陵图》乃杨大章"奉敕恭仿"、现场摹写之作，为绢本设色画卷，纵34.1厘米，横1088.3厘米，摹绘的是宋代建康城乡的地理风貌和风土民情。从右至左，大致可分为三段画面内容：第一段主要描绘建康城的东郊乡野景致，第二段截取了从东门（今通济门一带）至城西下水门（今西水关一带），内秦淮河畔的市井风貌，第三段则展现了下水门外的郊野风光。该画卷记录宋代建康城市生活的形形色色，自右开始映入眼帘的是恬静的郊区农村，过护城河后进入建康城，城里人车杂沓，各类店铺林立，贩夫走卒、男女老少穿梭于热闹喧嚣的市井中，画中的建筑形制、人物衣饰、招幌舆船等景象均较好地体现了宋代风格。全卷用色鲜

台北"故宫博物院"《仿宋院本金陵图》

明清亮，人物表情姿态生动，细节讲究，与《清明上河图》皆为长卷式写实风俗画的代表。根据幅上作者款识，该画卷成于乾隆五十六年（1791年）五月，为清高宗弘历（即乾隆帝）的书房“三希堂”所藏，后流藏于台北“故宫博物院”。由于《宋院本金陵图》已经佚失，清代杨大章的《仿宋院本金陵图》更显珍贵。

宋代建康城池开有八座城门，在宋《景定建康志·府城之图》上，瓮城门所绘平面形状皆呈方形或梯形。而《仿宋院本金陵图》所绘当时瓮城皆呈向外凸的半圆形，瓮城中又以直墙分隔设两门，加上主城门共有三道城门。以建康东门为例，人们入城时须先从外瓮一侧瓮城门进入第一道瓮城，再由中间直墙瓮城门进入第二道瓮城，然后才可以经过主城门入城，在瓮城内的入城路径形成了一条屈曲状。这种主城门外两座瓮城的设置，对明代南京多重瓮城的营造产生了重大影响，如聚宝门（今中华门）、通济门、三山门、正阳门等均为多重瓮城构造。该画卷城墙上的亭阁精致典雅，不禁让人联想起赏心亭、二水亭、横江馆等宋代建康城下水门一带亭榭透迤的踪影。

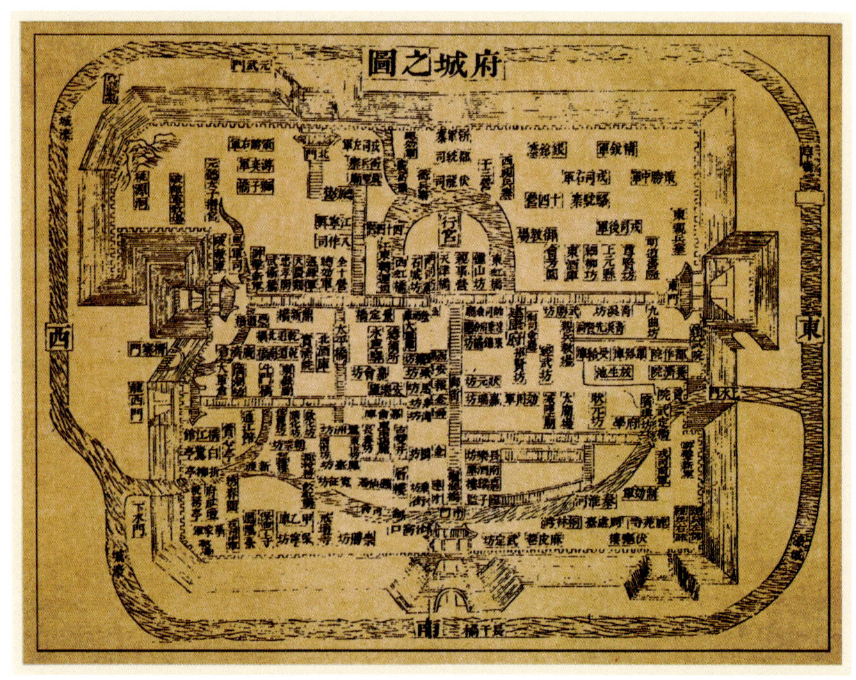

《景定建康志·府城之图》

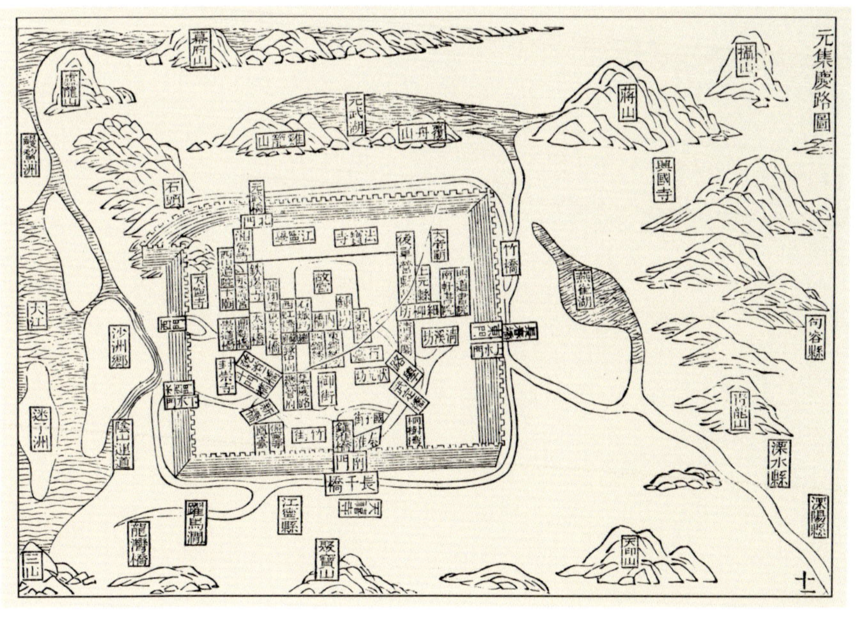

◎◎《秣陵集 · 元集庆路图》

宋末，建康城墙变化不大，而城壕因年久失修逐渐淤塞，在元代护城河仅宽 76.8 米，较之南宋窄收了 15.36 米。元代对城壕的两次疏浚都在元代晚期的至元年间（1335—1340 年）。元天历二年（1329 年）三月，诏改建康路为集庆路，南京又多了一个新名称。

元代早期，昔日南宋行宫还一度作为建康宣抚司和集庆路总管府衙署。元至元十五年（1278 年），元世祖忽必烈下令拆除原建康行宫木材和瓦等构件，运到元大都（今北京）补充建材的不足。又以原建康行宫前阙门作为军总铺警火之所，其余由民耕垦为园圃，仅存宫殿、府寺、台榭等遗址。

元至正十六年三月辛卯（1356 年 4 月 11 日），朱元璋攻入集庆路城池第二天，率领诸将登上城墙，并改集庆路（即南京）为应天府。元至正二十年（1360 年）十二月，朱元璋有感于为抗击陈友谅的进犯而临时在城西南抢筑的虎口城所发挥的威慑作用，又在狮子山下建造龙湾城。当年因功被朱元璋封为总制处州的句容人孙炎，曾留下了对龙湾城的赞诗一首：“龙湾城，壮如铁。城下是长江，城头有明月。月色照人心不移，江水长流无尽时。”朱元璋于南京城墙建造之前，沿江一南一北建造过护卫应天府的上述两座小城，并对旧城城墙进行过修缮。

◎ 第四章 明都南京的规划

朱元璋建造的南京城墙由四重城墙组成，即宫城、皇城、京城和外郭。其中皇宫为何被规划在偏于城东一隅的湖水中，朱元璋为何认可这样的规划？公元1366年全国统一战争进行中，朱元璋为何调动数万将士在南京填湖建宫？京城城墙十分奇特的形状究竟是军事防御需要，还是另有隐情？当年建造者通过城墙的建筑语言，隐含的设计思想究竟是什么？对于这些问题，当年文献没有留下现成的答案，后人只能揣摩、分析和研究，这是认识南京城墙及其文化内涵的前提。

近年来，明代南京城墙的形状引起了社会广泛关注。有的学者提出：南京城墙形状是"宝葫芦形"；南京城墙形状"呈非方、非圆的不规则的多角不等边的粽子形"；南京城墙沿着皇城区、商业区和军事区的周边"随着地形曲折围合而成，其总平面西北窄，东西宽，呈宫扇形"；甚至还有的市民提出"南京城墙形状是朱元璋的脸形"，还被媒体"忽悠"了一阵。且不论当时能否实施这一"城市行为艺术"工程，仅朱元璋画像至少有二十多张流传下来，又有谁可以指认其中哪一张最接近朱元璋的脸？真不知道现代人有谁见过朱元璋?！以上述说仅就形状进行描述，却都忽略了中国古代都城营造制度的基本法则——彰显天子与皇权的神圣和威严！

◎◎ 朱元璋像

海内外的学者也开始关注并研究明代南京城墙的设计思想，其中不乏有见地的观点。如：有的文章根据道教以壶天、壶中为圣地，以"壶公"为神仙，认为南京城墙建成了"目前所见到的壶状（葫芦、瓶）形态"。美国的城市研究学者牟复礼在《明初南京城的变迁》一文中，对南京城墙的设计思想做了辨析，指出："事实上，这是一个中国城垣建筑的伟大时期。

所有这一切似在表示一个国家，或者至少是一个朝代对于防守的固执观念，不过，这可能不是正确的解释。”这个怀疑有一定的道理。但正确的解释又是什么？牟复礼接着做了进一步分析：“也许在较大的意义上，明代所重修的南京以及其他城市的城垣，主要在肯定汉文化存在的心理作用，而不是纯粹为了对抗可能的危险根源的实质作用。……这并非全然否定了其军事作用，它们是使人想起军事力量，也可成为防御的堡垒，在必要时能抗拒长期的围城，并可抵抗大部分精巧攻城武器的攻击。”牟复礼最后的结论是：“南京的城墙，像政府的其他作为一样，在设计上是为了加强这种神秘的魅力，并维持对政府的敬畏。本人因而假定，这是这些城垣在中国文化史以及在对中国传统城市研究中的主要意义。”他的意思是说：南京城墙的布局，在不排斥其他因素的同时，更多的因素来源于中国数千年的传统文化。这是很有见地的观点。但是，根本问题没有解决——他没有进一步具体揭示南京城墙所加强的这种“神秘的魅力”指什么，“对政府的敬畏”又表现在哪里？

1999年，笔者提出，明代南京城的规划设计思想，主要依据是道家的堪舆术。

第一节 ◎ 道家堪舆术与南京城墙设计的文化背景

明朝定都南京后，刘基受命为朱元璋卜宫选址历经六年之久，这为南京城墙又增加了更多神秘色彩。关于朱元璋建都南京有许多不同说法，南京城墙设计过程中，中国传统的古建筑中仿效宇宙星象的做法，与受到道教文化影响有着密切的关系。

自明代中期（16 世纪初），关于朱元璋建都南京就出现了许多不同说法。明嘉靖进士、时任南京太仆寺丞的归有光，看了《洪武京城图志》后，根据他在南京城的多年观察、揣摩，又参阅了朱元璋《阅江楼记》中“非古之金陵，亦非六朝建业也”等语，很自负地在《洪武京城图志》后面题写道：“高皇帝之论，盖度越千古，直有所谓配皇天毖祀上下自时中又之意，愚生自谓独能窃知之，与时俗所论建都者不同。”非常令人不解的是：归有光虽然“独能窃知之”，但没有点明“知之”的内容，一副“天机”不可泄露的“敬畏”样子，为朱元璋建造的南京城墙凭空又增添了一层神秘色彩。

中国古代都城的设计思想除了受当时政治、经济、军事、文化、地理等条件制约外，还受到传统的道家堪舆术的深刻影响：其一是风水理论（地）；其二是仿效宇宙星象（天）。而这两点，又受到皇权思想的规范、修订与补充。因此，中国古都研究的内容相当广泛，包罗万象，是一门新的学科。元末明初，南京城墙设计过程中，中国传统的古建筑中仿效宇宙星象的做法，与受到道教文化影响有着密切的关系。

英国学者李约瑟（1900—1995年）考察我国建筑后，在《中国科学技术史》中写道："…… 城乡无论集中的或者散布于田庄中的住宅也都经常出现一种对'宇宙的图案'的感觉，以及作为方向、节令、风向和星宿的象征主义。"以建筑，尤其是建筑群（如城市，特别是古都）象征星宿的设计依据，是中国古代天文观测丰硕成果与帝王利用宇宙星象为政治服务的产物。以"相天法地"营造城垣，不仅史书有载，近代学者也多有考证。《吴越春秋》载：伍子胥受吴王建都之命"相土尝水，相天法地，造筑大城，周回四十七里。陆门八，以象天之八风。水门八，以法地之八聪"。汉代长安城在汉惠帝元年（前194年）修筑外郭城后，城市平面建筑图形也呈不规则的轮廓，北城形似天上的北斗星，而南城形似南斗星，所以人们又把汉长安城称为"斗城"。《康熙字典》对此的记载是："前汉元帝纪帝初筑长安城，城南为南斗形，城北为北斗形，因名斗城。"隋文帝于公元582年营建的大兴城，设计者宇文恺独出心裁，完全依照《易》中八卦的六爻作为建都设计的理论依据，"以九二置宫殿以当帝王之居，九三立百司以应君子之数，九五位贵，不欲常人居之，故置玄都观、兴善寺以镇之"。由于这些做法增加了皇权天命所授的神秘色彩，能起到巩固封建帝王统治的社会效果，历来受到统治者的推崇和效法。所以，公元1366年，"上乃命刘基等卜地，定作新宫于钟山之阳"，其中的"卜"字内涵，当有中国数千年"相天法地"营造城垣的思想作为基础，也是"国朝最重天文"（朱国祯《涌幢小品》）的原因所在。

被朱元璋称之为"博通经史，于书无不窥，尤精象纬之学"的刘基（1311—1375年），自元至正二十年（1360年）三月应朱元璋的征召，离家来到应天（即南京）至1366年，不仅"动则仰观天象察列宿之经纬，验日

刘基像

月之光华，发纵指示三军往无不克”，还为朱元璋卜宫选址，其间达六年之久，对南京的地理可谓了如指掌。有一个史实值得关注：朱元璋在元至正二十五年（1365 年）七月设立太史监（主管天文、制定历法、占候、推步的专业性很强的机构），命刘基任太史令。尽管文献没有记载刘基任太史令后的工作重点，但是刘基上任一年内，就设计完成了一套全新的南京城市规划，并得到朱元璋认同。从时间上判断，刘基任太史令最重要的一项工作就是组织并直接参与了南京新城、新宫的规划——“卜”。文献中的这个“卜”字，是一个城市设计规划的过程，也是解开诸多明南京城墙之谜的关键。

后人在追述当年南京造城原因时，往往将元至正十七年（1357年）朱升向朱元璋提出“高筑墙、广积粮、缓称王”九字三策的告诫，当成朱元璋在南京建造城池的理由和依据。其实，当年朱升的“九字三策”对朱元璋产生的警示作用，在很长一段时间里确实影响着朱元璋在南京的大政方针，但是对南京城墙的营建并没有直接的影响。朱元璋选择并决定在南京建造新的城池，与当时修造其他各地城池最大的不同背景在于：这不单纯是为了应付战争的需要而筑城。关于朱元璋为何在南京建造城墙，最重要的是《太祖实录》提供的史料，原文如下：

丙午（即元至正二十六年）八月庚戌朔（即公元1366年9月5日），拓建康城。初建康旧城，西北控大江，东进白下门。外距钟山既阔远，而旧内在城中，因元南台为宫稍庳隘。上乃命刘基等卜地定，作新宫于钟山之阳，在旧城东白下门之外二里许。故增筑新城，东北尽钟山之趾，延亘周回凡五十余里，规制雄壮，尽据山川之胜焉。

朱元璋的这个造城令，仅根据当时的条件拟订，与后来建成的都城城垣相比尚属于雏形阶段。如：规划上仅设计了宫城和京城，皇城与外郭尚未考虑在内。不过新建五十余里城池的长度，显然已经超出了中国一般性质府、县一级（约二十至三十里）的城池，而是达到、甚至超过了中国古代绝大部分都城（约二十至四十里）的规模。因此，朱元璋在南京初期的大规模建城的主要原因，与他打算在南京建都有关。

关于刘基所“卜”的“新宫”，由于选址实在难以让后人理解，加之“卜”术的玄虚神秘，历来为人们所乐道。据张瀚《松窗梦语》记载的传说之一：刘基为勘察朱元璋未来皇宫所在地，跑遍了南京周边的山山水水，选定城址后，便竖了一根木桩为记号。朱元璋回去对夫人马氏说了这件事，马氏不悦，说："天下是由你打下来的，营造宫殿的地方怎么能由刘基决定哩！"马氏连夜将原先刘基所置的定址木桩换了一个地方。第二天，朱元璋领刘基前往新址时，刘基一看都明白了，便说："这里虽然也不错，但后世免不了要迁都。"当然，这是后人为渲染刘基"料事如神"的本领而杜撰的故事。传说之二：新宫宫址的大半部（大约在今明故宫遗址的中山东路以北区域），是一片燕雀湖，在填湖过程中，督造工程的大臣为了保证工程进度，竟找来一位名叫田德满的老汉，将他活埋在湖底，作为"填得满"的"吉兆"，田德满后来还被封为"神"。

明故宫地段相继发现的大量木桩和夯层地基

据陆粲在《庚巳编》中的记载，参与占卜活动的人除了刘基，还有刘基的 80 岁师傅黄楚望（九江道士）和张铁冠道人（张中，字景和，临川人）。他们三人“择建宫之地，初各不相闻，既而皆为图以进，尺寸若一”。其实，当年朱元璋的身边还聚集了一些所谓的“高人”，还有一些未被召集到他身边的所谓“异人”（如铁冠道人、冷谦、张三丰等），竟能通过所谓的占星术，观察到朱元璋在皇宫中的一举一动。最为奇特的还有一位叫周颠的人，朱元璋在攻下南昌城后，遇到一位疯疯癫癫的周姓怪人，当朱元璋凯旋班师回到南京后，他也口称“告太平”来到南京。正是这个大胆的“癫仙”，游戏风尘，装疯卖傻，斡旋于嗜杀成性的朱元璋幕后，成为以刘基、宋濂等道家人物为核心的朱元璋“智囊团”的编外成员之一。在南京城墙营建伊始，周“癫仙”每遇到朱元璋，就用手在地上画个圈，说：“你打破一个桶，又筑了个桶。”闻此异言，“当是时，金陵村民闻之，争邀供养”。后来，朱元璋还亲自为这位怪人写了一篇传记《周颠仙人传》。在中国数千年的封建社会中，一个疯疯癫癫的道人，值得皇帝为其写传的恐怕仅此一例。周颠仙所说的“桶”指什么？是指国家，即灭元建明朝；还是指南京城墙，即破了建康旧城，建造了一座新城；抑或根本没有什么指向，仅仅是朱元璋利用这个癫人，在民众早已被道教教化的心理上做进一步的张扬，这些都不得而知了。

让人感到困惑的是刘基所“卜”的新宫，竟卜在一片低洼的湖水中，且偏于整个城垣的东部。这与中国古代占卜都城有两点是相悖的：其一，《管子 · 度地篇》写道：“圣人之处国者，必于不倾之地”，说的是卜地相宅不能居于地势低洼之所；《汉书 · 沟洫志》亦称：“古者立国居民，疆理土地，必遗川泽之分，度其水势所不及。”说的还是卜居不应择低洼之所。古代择都址都如此，更不用说择宫址了。因此，刘基为朱元璋所卜的“新宫”宫址，是中国古代卜都建宫惟一低洼之所的特例。洪武中后期，宫城出现了“前昂后洼”的严重后果。后人出于敬仰刘基的堪舆术，为刘基卜宫湖地之误开脱责任，提出是朱元璋所断：“…… 卜筑大内，填燕尾湖为之。虽决于刘基，实上（即朱元璋）内断，基不敢尽言也”（朱国祯：《涌幢小品》),其根据并不充分。当时,朱元璋对刘基可谓言听计从,绝无"不敢尽言"之说;其二,在古代中国人的眼中,"中国即天下,天下即中国"的理念根深蒂固。从周公、召公为周成王卜洛邑以后,取"天下之中"营都建宫,几乎成为古代帝王建都思想的定制,而刘基将朱元璋的宫室卜于城垣的东隅,也是有违古制的。

刘基等人所卜宫址的方案,之所以能得到朱元璋的认同,除了中国古代营造都城均需占卜的原因以及南京特殊的地理条件制约外,还与元末明初道教思想在民间广泛传播的历史背景有关。

中国封建社会统治者在夺取政权和巩固政权的过程中,利用儒、释(佛)、道三教思想的历史由来已久,并随着历代统治者的需要而有所侧重。元代道教在全国的影响达到了"历观前代列辟重道尊教,未有如今日之极"的程度,以致元末道教逐步暴露出教徒发展过滥的问题,其势力在民间有极为广泛的基础。朱元璋在夺取政权之际,充分利用了民间的道教势力和影响,并为登基大造舆论。借道士之说,称他的祖坟风水好,"当出天子";又称他母亲在他诞生前吞食了道士的丸药,故他与众不同;还说他在贫病交困之际,曾得到过神人的护理照料;据《续资治通鉴》载:元至正二十七年秋七月己丑(公元1367年8月10日),"雷震吴宫门兽吻,得物若斧形而石质,王命藏之。出则使人负于驾前,临朝听政则奉置几案,以祗天戒"。用一块石头(很可能是块陨石),奉若神灵,以现代人的思维看来,这件事整个是朱元璋在装神弄鬼,迷惑百姓,十分好笑。

更让今人感到荒唐的还有正史记载的两件事:其一,朱元璋在1367年自称梦游天宫,说见到了"道家三清",还有紫衣道士授以真人服饰和剑,朱升为其解梦为:"陛下受命之兆,所谓正梦也。昔黄帝梦游华胥而天下大治,古已有之。盖帝王之兴,自有天命,非人智力所能致也。"于是"明年,即位于南郊";其二,朱元璋在登基前曾举行祭告,称之:"如臣可为生民主,祭告之日,帝祇来临,天朗气清。如臣不可,至日当烈风异景,使臣知之。"不仅如此,朱元璋还在《敬天》中对他的部属以及将主持仪式的官员恐吓道:"人以一心对越上帝,毫发不诚,怠心必乘其机,瞬息不敬，私欲必投其隙。夫动天地，感鬼神，惟诚与敬耳。人莫不以天之高远、鬼神幽隐而有忽心。然天虽高，所鉴甚迩；鬼神虽幽，所临则显。能知天人之理不二，则吾心之诚敬，自不容于少忽矣。今当大祀，百官、执事之人，各宜慎之。”扩大对这种虚幻神灵宣传的范围，是中国帝王强化统治力量的常规做法，也是朱元璋登基做皇帝前最热心的工作之一。

1368 年 1 月 23 日，果然“天宇郭清，星纬明朗，众皆欣悦，礼成遂即位于郊坛南”。朱元璋终于成功将自己打扮成“奉天承运”的“真命天子”。假以道教宣扬“神”的力量，既可填补“草民”朱元璋即将登基称帝内心的空虚，也能镇慑被道教普遍教化的民众。200 年后，明万历元年（1573 年）由南京工部尚书升迁北京吏部尚书的张瀚在《松窗梦语》中，对当时风靡的堪舆术给予了一定程度上的揭露，当然那已经是后话了。朱元璋正是在这样的历史大背景和心态下，认可了刘基占卜是“天意”而定的宫址——即便是低洼之所。在朱元璋思想深处，信奉天意、鬼神虽曾一度有过短暂的彷徨，但究其根本还是笃信不疑的。在这方面，朱元璋如果不是自吹，“启蒙”也是很早的。据明人沈德符在《万历野获编补遗》记载，洪武十年（1377 年）朱元璋与群臣论天象时曾说：“朕自起兵以来，与善推步者观天象十有三年矣。”朱元璋自称的“与善推步者观天象十有三年”，恰巧是 1365 年，是他设立太史监机构并任刘基为太史令的年份，通过参与一年时间的“卜”新宫和新城，使朱元璋逐渐掌握了“观天象”的知识。朱元璋晚年临终前（即 1398 年 4 月 29 日），“享太庙毕，太祖步出庙门徘徊，顾立指桐梓，谓太常臣曰：‘往年种此，今不觉成林，凤阳陵树当亦似此。’因感怆泣下。又曰：‘昔太庙始成，迁主就室。礼毕，朕退而休息，梦朕皇考呼曰：‘西南有警。’觉即视朝，果得边报。祖考神明昭临在上，无时不存’。”做了 30 年皇帝的朱元璋，这时除了让人感到他衰老外，还感受到步入垂暮之年的皇帝对冥冥世界有一种精神上的寄托和愿望。

正因上述主客观多种因素的需要和影响，刘基的所“卜”，与其说是朱元璋沿袭中国古代择都建宫占卜的旧制，莫如说是朱元璋的“皇权”思想与中国数千年“相天法地”营造城垣，以及元末明初道教文化大背景在南京特殊地理位置和条件下“融合”的产物。

第二节 ◎ 京城形态为天象『南斗』与『北斗』聚合

明代城墙设计的理念和依据到底是什么？

民间有各种传言，有的说南京城墙的形状是朱元璋的脸，

有的说是按照宝葫芦的样子以求吉利。

最新的发现揭示了南京城墙让人惊叹的秘密！

从中国古代建都史以及朱元璋洪武一朝对建筑，特别是对一些都城礼制方面建筑的重视程度来看，朱元璋以及刘基等人通过南京城墙的建筑语言，表述了这个新生政权统治者对都城营建的某种思想。而这种思想，正是14世纪初叶道教思想在南京城墙的聚象反映，以及朱元璋对传统的“国之中土”论新的发展和变通。朱元璋眼中的南京仍然称得上是“国之中土”，他在《阅江楼记》中作了这样的阐述：“朕本寒微，当天地循环之初气，创基于此。且西南有疆七千余里，东北亦然。西北五千之上，(东) 南亦如之。北际沙漠，与南相符。岂不道里之均，万邦之贡，皆下水而趋朝，公私不乏，利益大矣。”

话是这样说，但南京毕竟偏于我国东南。宋濂也曾写过一

篇《阅江楼记》,其中说:“金陵为帝王之州,自六朝迄于南唐,类皆偏据一方,无以应山川之王气。”这一点包括朱元璋本人,心里也是清楚的。中国古代乃至世界古代史上,针对古建筑选址中某些不利的客观因素,借宇宙星象投射以及风水设置以弥补这些缺憾的现象,实例很多。明代朱元璋、刘基等人在这方面,可能更多汲取的是宇宙星象的投射。1366 年,就在南京大规模进行城市建造之际,朱元璋对“天人合一”的道教思想评论道:“天道微妙难知,人事感通易见,天人一理,必以类应。下修人事,上合天道,…… 上下交修,斯为格天之本。”在多种明史典籍中,朱元璋这类言论几乎随处可见,特别在登基前后的十余年间。

刘基等人为了体现朱元璋“皇权神授”的统治地位,在规划南京城墙时,设计思想主要是仿效宇宙天象的投射,并根据当时的历史背景,结合南京的丘陵、河湖等特殊的地理条件,利用南京旧有城垣以及考虑军事防御需要等情况。京城城垣营建的平面图呈“南斗星”与“北斗星”聚合形。

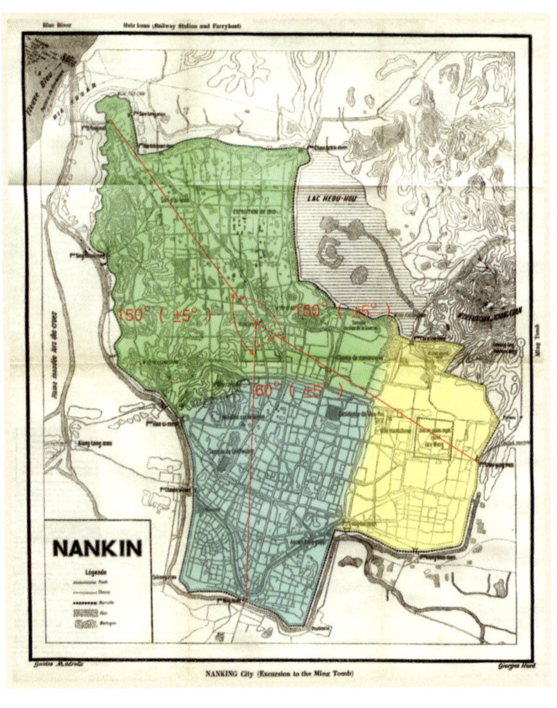

南京城中心及功能区分示意图

南京城墙“南斗与北斗”的聚合,具体特征主要表现在以下五个方面:

一、从城垣东南角的通济门至西北角钟阜门与仪凤门之间做一个划分,南为“南斗六星”,北为“北斗七星”。“南斗星”的六颗星座,以聚宝门、三山门、清凉门、石城门、定淮门、仪凤门六座城门隐喻;“北斗星”的七

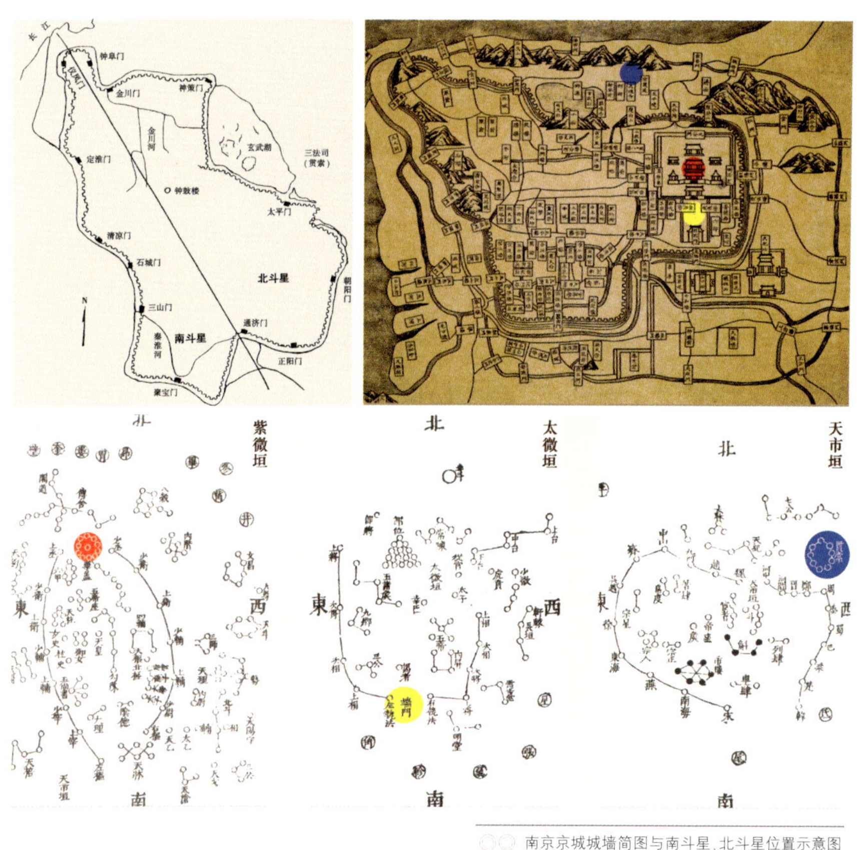

南京京城城墙简图与南斗星、北斗星位置示意图

颗星座，以通济门、正阳门、朝阳门、太平门、神策门、金川门和钟阜门七座城门隐喻。同时，依照古代堪舆术来说，城门的开筑受到相当重视，并非随意而开："城门者，关系一方居民，不可不辩，总要以迎山接水为主"（清·林枚《开城门论》）。因此，这也许是南京设置13座城门的真正由来。如果说汉代长安城垣的平面图是比较抽象重叠的"斗城"形态，那么明代南京城垣的平面图相对来讲，呈较为具象的"南斗"与"北斗"聚合形。

二、由于南京城墙"南斗"与"北斗"的组合，故自然将南京市区分为三大区块：自通济门（不含通济门本身）至三山门为"南勺"市区，这个区域的城墙以条石为主砌筑，城墙垛口等砌筑少量城砖；自通济门（含通济门）至太平门为"北勺"皇宫区，这个区域的城墙主体全部以城砖砌筑；"南斗星"与"北斗星"的两斗柄之间区域成为军屯区。三大区块形成的三条轴线为："南勺"市区中轴线，为旧城区轴线，以聚宝门为中点向北，至杨吴城壕的北垣；“北勺”皇宫区中轴线，以正阳门为中点向北，至今富贵山；南、北两斗柄之间自通济门至钟阜门与仪凤门之间的轴线，将市区与皇宫区分为两个区域。

三、明南京城依照“南斗”与“北斗”所形成的城市整体上的中轴线，其中心点的位置大约处于鼓楼（明代称“黄泥冈”，位于城中心附近的高敞之地）。明代南京城的钟鼓楼，显然继承了元大都的旧制，在南京城中轴线上的中心点上建造钟、鼓楼。钟楼与鼓楼是中国古代城市司晨、报时、报告灾异以及“警朝夕”的中心，以“晨钟暮鼓”来统一全城城门的晨启暮闭。中国古代都城中，钟、鼓楼的建制，大约起源于魏晋，中兴于唐、宋，鼎盛于明代。南京钟、鼓楼的设置，完全符合“鼓楼之设，必于中城四达之衢所”，以便声音传播涵盖更大的范围。洪武十五年（1382 年），在此建造钟楼（位于鼓楼西南侧，约距 300 米的冈峦上，清代迁今址称“大钟亭”）、鼓楼所构成的直线与鼓楼本体（墙体）建筑，均呈坐西北朝东南，其方位基本与城市中轴线一致。中国古代城市中的钟、鼓楼，绝大部分坐北朝南，或坐东朝西，方位基本是正的。然而，南京鼓楼的方位，有别于其他古城的鼓楼，是坐西北面东南，方位上是斜的，北偏西 42°，与明代南京城市的中轴线基本平行。明南京鼓楼的斜位，明显有别于其他历史都城取正位的鼓楼。

四、城内的钟、鼓楼为城市方位的中心。南京明代的钟、鼓楼，距朝阳门（今中山门）、仪凤门与钟阜门（对于鼓楼而言，两门基本等距）、聚宝门（今中华门）基本为几何状的等距离。以鼓楼为原点，分别与中山门、中华门两条延线的夹角为 60°（±5°），这两条延线与狮子山中心点分别形成的夹角各为 150°（±5°），在平面设计上体现出明代南京城不规整中的“规整”布局。在所谓“不规则”中，体现出城市规划的规则与严谨。

五、南京城墙的“南斗”与“北斗”结合部——南端的通济门，虽与三山门一样，但由于分别处在秦淮河进出南京城的出入河道附近，故其内瓮城呈十分罕见的“船形”。这种对军事防御并无多少价值的“船形”形状，却与南京城墙南斗与北斗形状有关。进入南京城的“内秦淮河”，“恰巧”位于南京城墙南斗的“斗勺”中间，与《石氏星经》所述的南斗星宿“半在河中”相对应。同时，由于北斗象征皇权，南斗象征百姓，故隐喻着“平民皇帝”朱元璋创建的“大明王朝”，与天下百姓“同舟共济”的一种心态。其结合部北端的钟阜门，因正对“龙蟠”之首的钟山，故含有“龙”的文化蕴味，在与之相背直线距离不足一公里的地方，设置了仪凤门，而在仪凤门南不远处又设金川门，似乎仪凤门完全没有必要。《南京都察院志》意识到这点并称：仪凤门“势当二门之交，行迹似为多设。创自圣祖制度，坐井难以观天”。这两门取向特殊，城门名“龙凤呈祥”的文化蕴涵明显，当是对“南斗”与“北斗”聚合天下——“国之中土”的明王朝都城做某种祈祷。

南京城墙“南斗”与“北斗”两星的聚合，蕴涵着十分丰富的中国古代文化内涵。南斗是二十八宿中的斗宿，即北方玄武元龟第一宿，陈遵妫在《中国天文学史》中称“斗六星赤，状如北斗，在天市垣南，半在河中”。因与北斗相对，故称南斗。南、北两斗很早就为人们所崇拜，《史记·秦始皇本纪》载：秦灭六国天下一统，秦始皇命建南斗、北斗庙。道书《上清经》将南斗六星的职掌具体化，而后更被神话，干宝《搜神记》称：“北边坐人是北斗，南边坐人是南斗。南斗注生，北斗注死。凡人受胎，皆从南斗过北斗，所有祈求，皆向北斗。”即便到了明中晚期，南斗六星的文化内涵仍然被当时所认同，顾起元在《客座赘语》中称：“天子之事占于南斗，星盛明，君臣一心，天下和平，爵禄行。”在被人格化的南斗“斗勺内”，设市为民居，既符合当时的经济条件和民心向背，又保护了元末明初南京城最繁华的区域，更重要的是由道家堪舆术隐喻在南京城墙建筑语言中的设计思想，满足了朱元璋秉承的封建帝王皇权“至高无上”、“永为人主”的欲望。广为流传的江南富户沈万三等江南一批富户筑南京城墙三分之一，为何被安排修筑通济门至三山门一带城墙（即南斗的斗勺，为民所居）的深层文化内涵，也许正在于此。

北斗更为古人所乐道，由于北斗只绕北极星回转，且居于天体的中央，故《史记·天宫书》称“斗为帝车，运于中央，临制四乡，分阴阳，建四时”，皆系于斗。传世文献中，将“斗为帝车”的思想应用到古都规划建设，当以《三辅黄图》为首，其中记载了秦始皇建造咸阳宫的经过：秦“二十七年（前 220 年）作信宫，已而更命信宫为极庙，象天极（即象征北极星）”。“始皇穷极奢侈，筑咸阳宫，因北陵营殿，端门四达，以制紫宫，象帝居。”这种以北斗象征皇权、皇位、皇家至高无上的隐喻语言，在朱元璋时代得到进一步推崇。洪武元年（1368 年），按礼部所设皇太子位在奉天殿前的引导旗幡，在两侧十二面“龙旗”的护卫下，正中一面就是“北斗星”旗，由此可见，朱元璋时代对“北斗星”文化内涵的认同与推崇。将皇宫设置于北斗的“斗勺内”，以喻之尊贵，是朱元璋及刘基等人规划南京城墙时很重要的一个思想基础，也是朱元璋的“皇权”思想与中国数千年“相天法地”营造城垣相融合的结果。

朱元璋于公元 1376 年至 1377 年的两年时间里，对两年一度分别举行的郊祀天、地之礼和分别举行的祭祀社、稷活动进行了重大改革。他认为：分别祭祀天和地是不合自然的，正如把父、母分开祭祀一样不合人情。他不仅命官员为其寻找历史上的根据，还命令建造个特殊的享殿用于新的“大祀”。对于祭祀社、稷，他也认为不应分祀，而另建合祀之坛。这种有违古制合祀天地与合祀社稷的做法，为中国古代数千年封建史不多见，如果不从南京城墙“南斗与北斗”聚合的形制上，找出朱元璋对“两斗合一”思想深处的动因，是很难让人信服朱元璋这么做仅仅是为了“需要加以简化”（《剑桥中国明代史》第 150 页）祭祀。

当然，随着朱元璋大明王朝政权的巩固，随着朝廷对道术过分张扬和依赖，致使南京城内“卜筮者，多假此妄言祸福”，并波及甚广。这种情况显然容易扰乱民心，不利于明王朝的政权稳定与巩固。因此洪武八年（1375 年）十二月，陕西有人向朝廷献所谓“天书”，被杀。不得已朝廷“下令禁之”。直到洪武二十六年（1393 年）六月，才有一定条件的“开卜筮禁”。事实证明了朱元璋在对这类问题上，有前后两种截然不同的态度，反映了朱元璋作为封建帝王在利用宗教进行封建统治过程中的虚伪一面。

第三节 ◎ 南京城墙的宇宙观与宗教观

南京城墙『南斗』与『北斗』两星的聚合，蕴涵着十分丰富的中国古代文化内涵。其利用堪舆术，特别是『仿效宇宙星象』的设计思想是对诸多因素的综合融通和强化，反应了传统宇宙观和宗教观等，具有丰富的象征与隐喻意味。

朱元璋在从农民义军首领到一国之君的道路上，十分注重网罗各类人才，特别是一批上知天文、下通地理、兼懂传统礼数的能人贤士。这些人在协助朱元璋谋取天下的同时，对中国建都传统规制的建筑十分熟悉，还特别强调这些建筑物及其名称的隐喻。

明代南京城墙“南斗”与“北斗”的聚合，在依据堪舆术的“风水理论”与“仿效宇宙星象”传统设计中，更多的还是依据后者。当然，这种设计思想并不是对政治、经济、军事、文化、地理等因素的排斥。相反，这种利用堪舆术，特别是“仿效宇宙星象”的设计思想是对诸多因素的综合融通和强化。我们在南京城墙以及皇宫的布局中，可以找到很多实例的证明。

在“普天之下莫非王土，率土之滨莫非王臣”、“惟我独尊”、“面南而王”的中国古代政治观念中，逐渐形成了一套完整的（当然包括都城所有皇家建筑在内的）礼仪和官制，认为世界以中国为中轴，国土的周边全是蛮夷戎狄。于是，形成了“万邦来朝”与“万国衣冠拜冕旒”的世界观，无论天朝的臣民或是四夷外邦，均须以中国皇帝为寰宇的共主。中国古代建都自秦代咸阳开始，直到明、清南京、凤阳（中都）、北京皇都的设计，基本都是受这种“天极”观念影响演化而来。

由于受“中国即天下，天下即中国”理念的影响，我国古代天文学家，根据对天象星座的长期观察，将环绕北极和比较靠近我国周围上空的恒星，分为三垣、二十八宿，并附之以诸星座。所谓“三垣”，是指紫微垣、太微垣和天市垣，由于各垣都有东西两藩的星，围绕成城垣的样子，故称“三垣”。二十八宿是：青龙七宿、玄武七宿、白虎七宿、朱雀七宿。其中，每一“垣”、每一“宿”，都由一定数量的星所组成。

元末明初的南京城墙，大体是依照这种天文思想以及天宇中各星宿的位置为依据建造的。南京城墙在整体上呈现“南斗”与“北斗”聚合，反映了朱元璋等人对南京所处我国东南、偏于一隅这种缺憾利用天象星宿文化在建造京城时的校偏心理，从而隐喻南京的都城是“环宇”中的“国之中土”。坐落于“北斗斗勺”内的皇宫，则在强化皇权天授这种历代帝王思想的同时，突出了帝王尊贵、使人敬畏的建筑效果。

最终建成的南京皇宫在形制上，依照《礼记》设五门三殿的旧制，从外向内依次为洪武门、承天门、端门、午门、奉天门；在五门之后，设奉天殿、华盖殿、谨身殿三大正殿。六宫则依照《周礼》旧制，正殿之后设置乾清宫和坤宁宫，相对两宫正门设有“日精门”和“月华门”，以喻帝、后之居犹如天地日月精华之所在。在皇城城垣上开筑城门有洪武门、长安左门、长安右门、东安门、西安门、北安门，以隐喻开国的洪武一朝天下长治久安。将南京皇城城门名取“安”字，不由使人联想到洪武元年八月，“改大都路曰北平府”的“北平”，所蕴含的隐喻意味。

南京皇城、宫城内的建筑（包括宫城城墙、皇城城墙），同样也是依照古代天文思想建造的。在北斗“斗勺”内的皇宫区，最为瞩目的要算紫

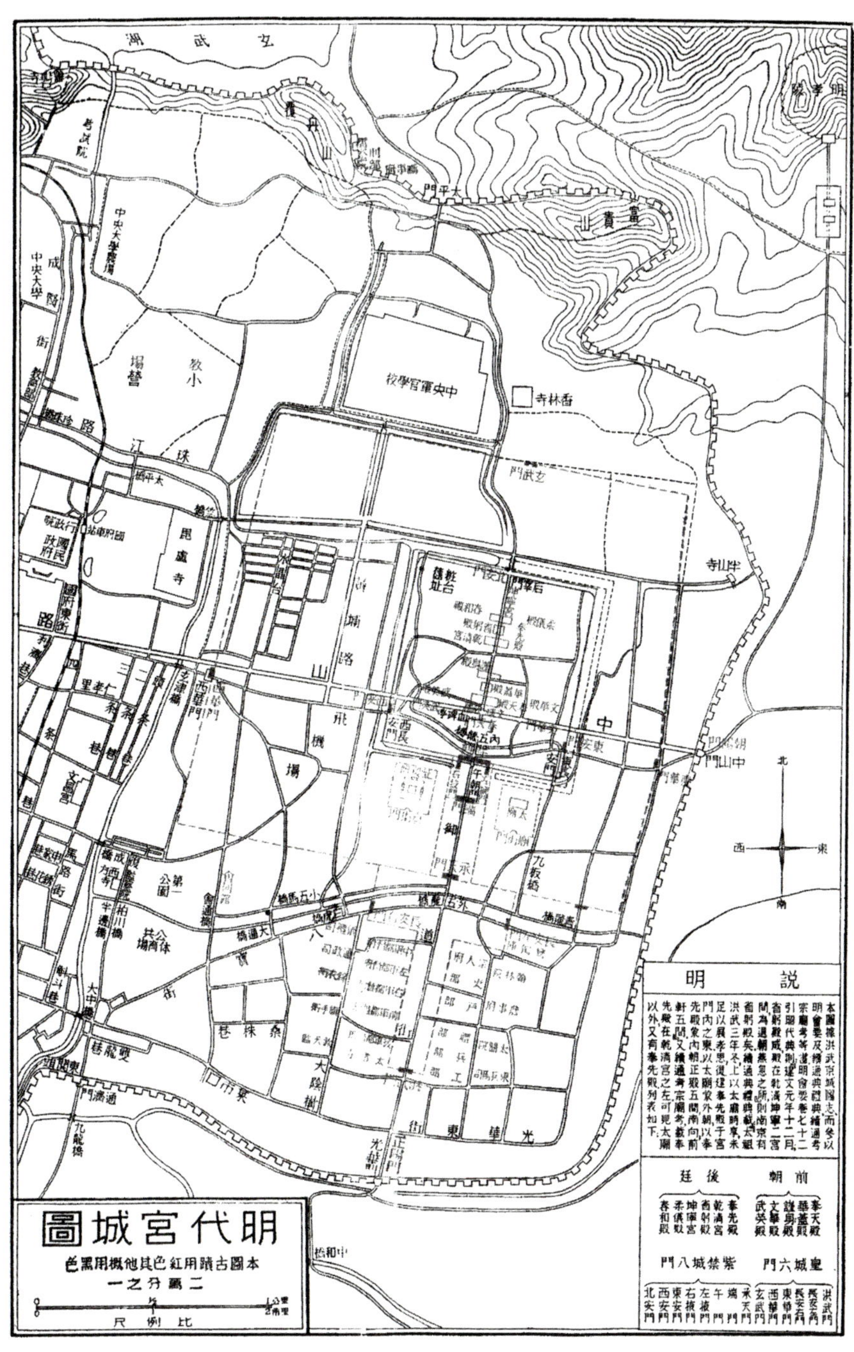

◎◎《金陵古迹图考》中绘制的《明代宫城图》

禁城里的“三大殿”—— 奉天殿、华盖殿和谨身殿。朱元璋通过这三大殿的建筑,也隐喻了他的施政纲领和“皇权神授”的思想:“奉天”,依照“天”的法令行事,“明人主不敢以一人肆于民,上无往非奉天也。义至精博”(《明会要》卷七十二);“华盖”,为古代天文“三垣”的紫微垣中五帝内座上的16星,《石氏星经》称:“五帝内座是华盖下帝座”,取名“华盖”的目的,不言自明;“谨身”,是朱元璋登基前后直至“驾崩”的一贯主张,他在《游新庵记》中历数中国自“…… 秦皇遣方士而求神仙,汉武帝因李少君等而翼长生,魏道武因寇谦之行天宫静轮之法,唐玄宗与叶法善同游月宫,宋徽宗任林灵素度道士数万。此数帝之心,未必不善,然善则善矣,何愚之至甚”。朱元璋认为假以佛、道之论,而“不知修躯,以躯使神,岂不愚人欤!”说的是为“人主”需要修身。他在遗诏中称:“朕膺天命三十一年,忧危积心,日勤不怠,务有益于民。”所谓的“忧危积心,日勤不怠”八个字,也为其“谨身”做了最好的注脚。通过这三大殿的设置,朱元璋将天、地、人三者的关系联系在了一起,而这正是道家所推崇的一种修行境界。

从局部看,明南京的皇城、宫城的布局是非常壮观、整齐划一的,与京城的“不规则形状”有着鲜明的区别,它初期取法于《周礼》的“三朝五门”、“左祖右社”,但又融入了中国古代天文“三垣”文化的内涵,并不断加以增删。

紫微垣,位于北极周围,称之“中宫”。中宫属于禁地,皇宫中的宫城故有“紫禁城”(一般称“宫城”,俗称“紫禁城”,明代很多文献称“大内”或“内宫”)之称谓。

太微垣,位于其东北角,为天帝的南宫。端门为太微垣的南门,太微垣中的“左执法”、“右执法”两星,分别为午门两阙的左掖门、右掖门。朱元璋在世时所绘制的《洪武京城图志》所称:“…… 而斗牛星纪,并丽乎太微帝车之间”中的“太微”,即指此垣。

天市垣,位于北极的东南角(选择“天市垣”,可能与南京位于中国东南的地理位置有关)。天市垣以帝座为中枢,主要由22星组成,成屏藩形状。据《晋书 · 天文志》载:天市是“天子率诸侯幸都市也”,因此东西两藩各 11 星(《石氏星经》称天市垣为 56 星,相差很多,说明了星座、星名变迁的复杂,尤其在分野说变更之际,最为突出),均用战国时期各地诸侯国命名。从天市垣的星象图中,仍将天市垣的东西藩比作城垣的话,我们不难发现明南京皇宫的整体布局有许多十分耐人寻味的地方:从整体上看,南斗“在天市垣南,半在河中”;皇宫位于“南斗”北面,符合《石氏星经》所述的方位;由于天市垣东西两藩以战国时期各地诸侯国而命名,故将皇城城垣中除南边城门外,东西北三面分别为“东安门”、“西安门”和“北安门”,当有其寓意的。特别在明王朝建国初期,四方战火尚未停熄、疆土尚未安宁的背景下,取“安”字是有道理的。

金水河,即南京宫城内俗称的“内五龙桥”下之河道。过金水桥,即为奉天门。这条小河在宫城布局上,意义非同一般。它秉承周代都城旧制,用以象征天河银汉,据《三辅黄图》载:“渭水贯都,以象天汉;横桥南渡,以法牵牛。”奉天殿,即太微垣西南角外三星 —— 明堂的返照。明堂,是中国古代都城建筑中不可缺少的重要建筑。明代南京的明堂,据清代学者夏燮在《明通鉴》中考证:在宫城内“奉天殿实明堂也”。

“天市垣”中的“贯索”“天牢”在南京的投射尤为突出。洪武十七年

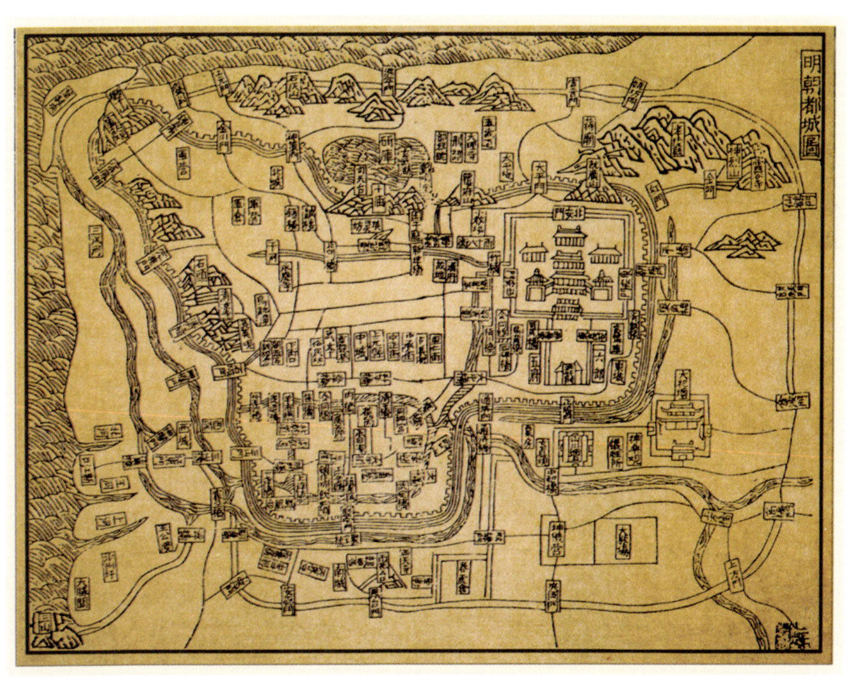

《金陵古今图考 · 明朝都城图》

(1384 年),朱元璋就太平门外建三法司敕称:“太平门在京城之北,以刑主阴肃,故建于此。敕曰:肇建法司于玄武之左,钟山之阴,名其所曰贯城,贯法天之贯索也。是星七宿如贯珠环而成象,乃天牢也。”具体位置和隐喻作用,朱元璋在世时刊行的《洪武京城图志》“太平堤”条目说的也很清楚:“在太平门外,国朝新筑,以备玄武湖水,其下曰贯城,以刑部、都察院、五军断事官在其西,皆执法之司,以天市垣有贯索星,故名焉。”而且,还在通往三法司的“孤凄埂”上,建造了一座牌坊,上面书写了“贯城”两字。

据《观象玩古》称:“贯索九星,在天市垣外,七公之前,即在七公之南;又称连索、连营、天屯或天牢。”朱元璋将刑部等司法机构设置在太平门外的目的,说得也很明白:“若中虚而无凡星于内,则刑官无邪私,政平讼理狱无囚人;若凡星处贯内者,刑官非人;若中有星而明者,贵人无罪而狱。今法司已法天道建置,尔诸职事各励乃事,当以身心法天道而行之”(《明太祖实录》卷一六零)。朱元璋的意思是说,在“贯索”围成的星环中,如果没有其他星在里边,说明刑法得当,没有营私舞弊的现象;如果有其他星在星环里边,说明刑法失当;如果在星环里边的其他星很亮,说明有重大的冤案、假案。朱元璋还特别提醒执法的官员:现在的“法司”位置,是按照“天道”而建置的,只能尽心尽力按照“天道”办案。显然,这是朱元璋利用天象作为巩固其统治(包括了职能和人心)的一种手段,与南京城墙设计思想是一脉相承的。

在南京宫城、皇城和京城城墙基本完工以后,朱元璋于洪武二十三年四月庚子(1390 年 4 月 22 日),下令在京城之外建造一座更大的城垣——外郭。外郭的建造,是对原有南京三重城垣的补充和完善,是朱元璋对城池战略防御以及构建新型都城思想的再现,反映出当时国力增强、经济复苏的社会局面,对后世的都城营建产生了一定影响。当朱元璋依照原先规划仿效“天象”的都城模式,建成宫城(紫微垣局)、皇城(太微垣局)和京城(南斗与北斗聚合形加之天市垣局)后,补建的外郭呈方形(或称菱形),寓意“天圆地方”之“地”,以喻示南京的都城在大明国土之中。在方形的外郭中央位置,“恰巧”是朱元璋生前居住的皇宫与死后埋葬的孝陵。按中国道教的说法，前者是“阳宅”，后者是“阴宅”，这种“巧合”应该是朱元璋对南京城最初“宇宙中心”设计思想的延续和补充。但是，外郭开工仅仅两年，因年仅38岁的太子朱标早逝而中途放弃。

朱元璋、刘基等人在“仿效宇宙星象”的基本设计框架上，在对南京整体布局时，通过京城城墙“南斗”与“北斗”形制上的设计与实施，以及皇宫的安排、取名、太平门外设置“三法司”机构等等寓意，借用中国古代建筑的独特语言，不仅弥补了建都南京时客观存在的一些缺憾，还将自己打扮成了“国之中土”的洞察秋毫的“天神”和“奉天承运”的“真命天子”，真可谓用心良苦。

明代是中国封建社会的末期。诞生在这个时期的南京城墙，不仅是中国上千年城垣建造史的延续，也是明代全国性筑城高峰的前奏。关于它特殊的形制，1366年南京大规模筑城伊始，朱元璋身边的人就曾说过：“一代之兴，必有一代之制作。”正因如此，南京城墙是元末明初政治、经济、军事、文化、筑城技术的综合结晶，其形制的设计思想受到多种因素的影响。

◎ 第五章

旷世城垣的诞生

明代为我国古代筑城的一个高潮时期,南京城墙的营造就是这个高潮的潮头。元至正二十六年(1366年)八月,朱元璋下令在南京拓旧城、造新城。新城的城垣筑造尚未完工,便于洪武元年正月乙亥(1368年1月23日),被朱元璋登基皇位后作为开国的都城而正式启用了。大明王朝建立以后,作为京师象征的南京城垣建造工程,成为一项国家级的重点工程。在政治、军事、经济等诸多条件的影响和保障下,城垣营建工程有了更大的进展。

在南京城墙建造中,许多官员、军人、工匠、人夫、罪囚等上百万民众承担了这一巨大的营造役作。劳动人民所承担的负担是非常沉重的,当时流传的一首民谣真实地反映了百姓心中的怨恨:"毁我十家庐,构尔一邮亭。夺我十家产,筑尔一佳城。官长尚为役,我曲何时直。本是太平民,今愿逐捕客。"其中"夺我十家产,筑尔一佳城",说的就是建造南京城墙工程;而"官长尚为役"一语,是指洪武十五年(1382年)以前,官员也有徭役,因为据《太祖实录》载:"自今百司现任官员之家有田土者,输租税外,悉免其徭役。"此前为了赋役,就连官吏们也因占有田产而避免不了,更何况普通百姓。因此,倾家荡产和逃役现象时有发生。在建造南京城墙过程中,数以百万计的人们付出了艰辛的劳作,有的甚至付出了生命的代价。从这个层面上说,南京城墙是元末明初千百万劳动人民用血汗筑成的一座丰碑,也是朱元璋操纵国家这部机器奴役千百万民众的有力见证。

第一节 ◎ 明都南京城池的营造

明代，南京四重城墙（即宫城、皇城、京城、外郭）的营建一般是先规划后施工；先建内垣后筑外垣；先造城门后补城垣。浩大的城墙工程分为前后两个阶段，朱元璋本人都曾经对南京城发出由衷的赞叹。

明代，南京四重城墙（即宫城、皇城、京城、外郭）的营建一般是先规划后施工；先建内垣后筑外垣；先造城门后补城垣。在朝廷干预下，城墙营建工程时缓时急、不断增补改筑，有的逐步趋于完善，还有的城垣尚未甃毕，即因迁都北京等因素而停工。

元至正二十八年（1368年）正月初四，40岁的朱元璋在南京举行了隆重的登基大典。无论从中国古代史，还是从南京地方史来说，这都是一件历史性的大事件。南京城墙的性质，也随着朱元璋的登基、建立大明并定都南京，从一座吴王应天府的城池演绎成大明王朝的都城。明都南京城池的建造，分为前后两个阶段。

第一阶段营建（1366—1372 年）的工程主要有：（1）拆除应天府旧城北面全段和东面近半的城墙，完成于元至正二十七年二月（1367 年 3 月 1 日）；（2）填燕雀湖建造“新宫”，于元至正二十七年（吴元年）九月癸卯（1367 年 10 月 23 日）也初步建成并竣工；（3）按照“新城”规划补建城墙、建造城门和开挖护城河，一直延续到洪武五年十二月甲申（1373 年 1 月 5 日），“修浚京师城濠”。原先规划上增筑的“五十余里”并未确定的新城长度，也成为明确的城垣周长“五十九里”。

文献虽然提供了新城的长度“周一万七百三十四丈二尺”，再没有为我们提供其他更为详细的资料，如城墙的高度、宽度和用材情况。但是，

◎◎ 上：专家考察前湖段“墙中墙” 下：狮子山段“墙中墙”与细部

月牙湖段“墙中墙”

自20世纪50年代以来,先后在明南京城垣的北边和东边,发现城墙中还“隐藏”着一堵小墙(即所谓“墙中墙”)。非常“巧合”的是,迄今发现的这些小墙,均处在公元1366年朱元璋下令所筑的“新城”位置上:如在“小东门——金川门”段(今下关一带)城墙内发现“以小城砖砌有矮墙”,砌筑方式和用砖显然早于明初;1998年,南京市城墙管理处对南京城墙东面前湖段(今中山门一带)坍塌豁口进行前期抢救性清理,其间发现了“隐藏”在大墙中的小墙;2000年春,在月牙湖南侧城墙外、太平门遗址南侧城墙残断处、后宰门城墙豁口处等地,均发现了用块石垒砌的“墙中墙”。把上述地段的“墙中墙”进行综合比较分析,所谓的“墙中墙”,正是1366年“新城”城墙的遗存:墙体高约10米,厚约5米(有些地段更窄),这个尺度,与旧城城墙的尺度比较接近;“新城”墙体大体采用了六朝墓砖、旧砖(即所谓“小城砖”)、规格不一的无铭文城砖、块石及少量明初军砖等建材,其中尤以块石为主。

2001年夏,笔者对南京前湖段小墙实地考察,在距地面一米左右“墙中墙”的墙体上,发现了“临江府新淦县洪武四年均工夫造”的纪年砖。根据《太祖实录》载:洪武四年(1371年)十月“修筑京师城垣……”结合实地考察,可以推断前湖段的小墙是洪武四年至洪武六年之间对该段城墙进行改筑修缮的遗存。前湖段小墙高10米左右，宽2.4米至4.8米，暴露部分长约55米，两端延伸至未塌的南北走向的明代大城墙内。在其墙的顶部靠外一侧的城砖上，有多道被绳子一类物体长期勒磨出的槽沟。城砖中既有明初的城砖，也有不少六朝和南唐时期的砖，这是由于当年建新城时，收集了拆旧城的砖和城东这一带出土的墓砖用来筑新城。

“新城”的参建人员开始主要依靠的是当时驻扎在应天府当地的数万名驻军。洪武元年（1368年），朝廷官员先后两次向朱元璋建议征派民夫参与南京城墙建造，遭到朱元璋反对，并以“民力有限，而徭役无穷”为理由，未批准实施。洪武二年九月癸卯（1369年10月12日），朱元璋决定在临濠（今安徽凤阳）兴建中都城池，南京“新城”的建造进入与临濠中都城池的并建时期。在用工量急剧增加的情况下，洪武三年七月辛卯，朱元璋才同意开始征调“均工夫”赴役，由直隶应天等18府、州和江西九江、饶州、南康3府的均工夫“赴京供役”。由此，南京城墙的营建，增添了一支规模浩大的由民众组成的建筑队伍。

洪武五年十二月甲申（1373年1月5日），南京三山门外的护城河疏浚工程接近尾声，朱元璋带领丞相汪广洋等一行人来到施工现场视察。朱元璋登上三山门城门，发现城下寒风中的护城河里，有一位民夫光着身子在河里捞东西，感到非常奇怪，就派人前去打听那人在捞什么。回来的人说是工头将民夫的锄头扔进河里，找不到了。朱元璋遂命人叫那人不用捞，赏一把新的给他。河里的民夫却不答应，说还是要他自己的那把锄头。朱元璋只好让身体壮实的汉子下河帮助寻找，一会儿锄头捞了上来，确实是那民夫的。朱元璋十分恼怒，认为民夫（其实还有匠人、军夫、囚犯等多种身份的劳役者）常年在京城劳役，手脚开裂，辛苦万分，而工头竟忍心拿民夫开心取乐，遂将工头当场逮捕，并处以“杖刑”。随后，他对汪广洋等随行人员说道：“今日衣重裘体尤觉寒，况役夫贫困无衣，其苦何可胜道”。接着，不仅下令停止疏通三山门外护城河工程，还命工部将正在中都凤阳建城的民夫与工匠遣返回乡，仅留下窑匠和烧石灰的工匠。这是早期的情况，到了南京城墙建造的中、后期，由于朝廷从制度上提供了保障,朱元璋亲自上工地督工的情况也就随之减少了。

第二阶段营建(1372—1393年)的工程主要有:(1)补建皇城城垣;(2)大量使用各地烧造的特贡城砖和巨型条石,对原有新城墙体实施加高、增厚,增筑多重瓮城;(3)扩大南京应天府新城城墙东北城池的范围,使南京后湖(即玄武湖)成为东北面城墙的护城河,增加了南京城池北城军队驻防和屯兵的区域;(4)建造南京城墙外郭和护城河,完成南京城墙四重城池的整体布局。京城城垣的二次营建、皇城的补建、新筑外郭城垣等项工程,也是朱元璋在军事上统一全国、政局日趋巩固、中央集权制得到确立的基础上,得以实现的一项都城再建设工程。

洪武八年四月丁巳(1375年5月28日),朱元璋"亲至中都,验功赏劳"。回到南京的当天,他下令把初露城池雏形的明中都营建工程停下来。《太祖实录》的记载是:"诏罢中都役作。初上欲如周、汉之制营建两京,至是以劳费罢之。"朱元璋为何罢筑中都城池,原因很多,表面上的"劳费"之说仅仅是一种假象。历来说法不一。有种说法是出于刘基的坚决反对,"罢建中都,盖因(刘)基之奏"。其实,洪武四年刘基回到故里,洪武六年因谈洋事遭胡惟庸、吴云沐等人构陷,朱元璋夺刘基俸禄,刘基害怕,入京谢罪,不敢归故里而住在京城。这时,刘基哪里还能再反对朱元璋建中都,"……是时,(刘)基须发已白过大半,齿落什三四,左手顽不掉,耳聩,足蹇蹞不能趋"。刘基拖到洪武八年因"体弱病衰",再次回归故里,并且在罢筑中都城池前的12天,病死在青田老家。

关于罢筑中都城池的工程,在安徽凤阳民间至今还流传着这样一个传说:刘基为了不让朱元璋在凤阳建造都城,故意对朱元璋说:方丘湖芦苇冲天,藏兵百万看不见,马鞍山支大炮,一炮打到你紫禁城。由于中都城内外形势险恶,要建都需向南移一箭之地。朱元璋听后,遂拉弓向南射出一箭,一箭射到城南二十多公里的殷家涧,箭刚要向下落,被太白金星化作老鹰衔住,飞到了南京。朱元璋只好罢筑中都,把国都定在了南京。事实上,朱元璋罢筑中都城时,刘基都已经故世了,这个故事显然纯属编造。

刘基反对在凤阳建造中都城池,是不争的事实。而且早在洪武四年

(1371年),年已60岁的刘基借口妻子故世,欲离开南京归隐青田老家。临行前,他规劝朱元璋"凤阳虽帝乡,非建都地"。正在凤阳大兴土木的朱元璋当然听不进去,在刘基离开南京之际,送给他一首诗:"妙策良才建朕都,亡吴灭汉显英谟。不居凤阁调金鼎,却入云山练玉炉。事业堪同商四老,功劳卑贱管夷吾。先生此去归何处?朝入青山暮泛湖。"让刘基在青田老家"朝入青山暮泛湖",不要多管"闲事"。诗中的"妙策良才"是指当年刘基等人对宫址及新城的规划诸策,反映了刘基曾为朱元璋"建朕都"的史实。

回到浙江青田的刘基,并未"朝入青山暮泛湖"。由于当时朱元璋在南京和凤阳两地大造城墙,民怨四起,刘基知道后,遂写了一首《筑城词》:"君不见杭州无城贼直入,台州有城贼不入?重门击柝自古来,而况四郊多警急。愚民莫可与虑始,见说筑城俱不喜。一朝城成不可逾,挈家却向城中居。寄语筑城人:城高固自好,更须足食仍足兵,不然剑阁潼关且难保。独不念至元延祐年,天下无城亦无盗。"词的前半部分通过建造城墙的正反两个例子的比较,规劝人们不仅要筑城,而且要将城筑成不可翻越的高墙;后半部分是说皇帝临政天下,不能单纯倚赖有形的城墙,更要注重在社会生活中修筑一道无形的"城墙",表面上是说给"筑城人"听的,实际上是针对筑城热情正高涨的朱元璋所写。

据《遵闻录》等记载:"洪武初,京城既定,上(即朱元璋)谓诚意刘伯温(即刘基)曰:'城高如此,谁能逾之?'伯温对曰:'人实不是逾,除是燕子。'燕国太宗所封之国,燕子盖指太宗而言,隐语也。然则伯温当时盖以预知太宗之必有天下也。太宗未起兵时,江淮间有天子气。既克太平而金陵中亦当有天子气。盖帝王之兴,天地之为预发其象如此。"刘基故世于洪武八年(1375)四月,当时南京城墙尚未达到后人所看到高度,而"高坚甲于海内"城墙建成时,刘基早已作古。因此,《遵闻录》所载的说法显然是后人所杜撰。

朱元璋放弃对凤阳中都城池的营建之后,调集比兴建应天府新城时期更大规模的人力、物力,重点经营南京城池。这是朝廷以及朱元璋本人在洪武十一年(1378年)进一步确立南京作为全国京师地位的直接结

果。朱元璋对定都南京，虽然有过不止一次的动摇，但这时的态度似乎已经非常明确了。正如朱元璋在《大明皇陵碑》中所说：依托南京为国度建立明王朝。南京城地势险要，像一只卧虎雄猛威严，传说城南有高台曾有凤凰来筑巢，这些都象征着国家昌盛、吉利和祥瑞。长江天堑，高空星月皎洁，照耀着五湖四海。巍巍钟山如一条巨龙震慑三山五岳，高耸入云，远远望去似与天上的银河相连（原文："倚金陵而定鼎，托虎踞而仪凤凰。天堑星高而月辉沧海，钟山镇岳而峦接乎银潢。"）。这是一代帝王在以南京为都统领全国之后，对建都在南京而发出的由衷赞叹。

在对南京城墙进一步大规模改造的同时，南京城内外新增建了一批建筑，如建太岁、风云、雷雨等诸神坛、墙、殿；钟山之阳建孝陵；建神乐观于大祀坛西；建京城钟楼、鼓楼；建刑部、都察院、大理寺、五军断事司、审刑司公署于太平门外；建京师街道；筑钦天监观星台于鸡鸣山；建鸡鸣寺于鸡鸣山；建历代忠臣庙；创置象房、黑窑等。这个时期改建、重建的项目也不在少数，如改建太庙；改建大内宫殿；重建奉先殿；改建圜丘，并建大祀殿举合祀天地之典；改建国子学于鸡鸣山下，称国子监；改建蒋山太平兴国禅寺为灵谷寺；改建京师城隍庙；建六部围墙以及廊房街道；改建历代帝王庙于鸡鸣山之阳等。

从上述列举的作为京师都城部分的建筑来看，在这段时期，南京城池营建工程的规模相当浩大，整个城市几乎成为一座巨大的建筑工地。南京城墙的加高、增厚，基本是在这个阶段完成的。除了对京师城垣进行加高、增厚之外，仅有一次明确扩建城墙：洪武十九年（1386 年）八月"新筑后湖城"，起止地点和长度不详。根据实地考察和有关文献记载综合分析，所谓的"后湖城"，大约指神策门至今解放门的城墙，其长度为3692.9 米。这样京城城墙的总长度得到确定，为 33.676 公里（1958 年测量统计数据）。

在南京宫城、皇城和京城城墙基本建造好以后，朱元璋于洪武二十三年四月庚子（1390 年 4 月 22 日）下令在京城之外建造一座更大的城垣——外郭。初建城门 15 座，次年又增江东门，合计为 16 座城门。外郭使用城砖和条石包筑部分的墙体，主要位于城门附近以及一些重要地段。外郭利用丘陵岗阜的有利地势和人工建造，墙体以构筑土墙为主，以陡峭的山体为辅，所以有“土城头”之俗称。

洪武二十六年（1393 年）以后，除了部分运砖之役仍由军士担任外，在京军民不再直接参与城墙的筑造，仅以罪囚充任。洪武二十九年三月“令吏民有犯流罪者，甓京师城各一尺。”南京城墙仍在增高、加厚。由于这种增高加厚的工程与修缮、修葺在工程性质上是不同的，迄今在南京京城城墙许多墙体剥落的地段，仍能看出表皮的一层砖与里层墙体之间没有契合、非常规的“砌筑工艺”。

洪武三十一年（1398 年），朱元璋寿终后，建文帝时期的南京城基本没有大规模的造作之事。从《太宗实录》等其他一些典籍中，自朱棣称帝，直至永乐十九年（1421 年）迁都北京，除了对南京城墙、城门、城楼、铺舍及水洞（涵洞）进行过修葺和补缮，以及对皇城西垣改筑之外，南京其他城垣再也没有增高加厚或拓建的记载。

第二节 ◎ 营建城垣中的各项措施及参建人员

元末明初南京城墙的营建，用工量之多、耗资之巨、涉及范围之广、工程管理之严，为中国古代城市建设之少见。在明初中央集权的统治下，朝廷采取了一些自上而下、行之有效的管理措施和办法，在确保工程质量和工程进度方面，起到了十分重要的作用。

元末明初南京城墙的营建，用工量之多、耗资之巨、涉及范围之广、工程管理之严，为中国古代城市建设之少见。在明初中央集权的统治下，朝廷采取了一些自上而下、行之有效的管理措施和办法，在确保工程质量和工程进度方面，起到了十分重要的作用。这些工程中的措施和办法，主要是通过督造城垣的各级官吏和农村基层组织具体落实，或者说是对“人”的管理。如城砖运送到南京，要按“敲之有声、断之无孔”的标准验收；砌筑城墙的石灰，要求“洁白无杂质”等，均由“人”来实施。南京城墙砖大都有城砖的勒名，以保证质量，如“长沙府提调官经历高耀 司吏杨原善 浏阳县提调官知县傅理 司吏周仲威 总甲刘祖仁 甲首胡添云 小甲李茂功 窑匠王继孙 汤祥 造砖人夫谢辛”。把府、县烧造这块砖的各级官吏、基层负责人、窑匠和人夫姓名全部列出，层层责任到人达九级之多。

官吏，在南京城墙营建中是个特殊的参建群体。这个群体因受朝廷调派、被动参与了南京城池营建中的各项管理工作；同时，由于隶属中央集权统治者的身份属性，故与参建人员中广大以付出体力为特征的劳动者有本质上的区别。

南京城墙营建的主管部门，也有一个逐步完善的过程。南京城墙营建初期监造中，由中书省下设四部（即太常、司农、大理、匠作）中的“匠作”为专职主管部门，给予营造业务指导和对地方赴京工匠、人夫造作的行政管理。洪武元年（1368 年）八月丁丑，中书省奏定六部官制，将作司隶属工部，负责南京城墙营建工程。洪武三年七月庚戌，因增调大量均工夫赴京参役，朝廷为细化南京城墙参建人员的管理，又补充了“命军发卫所，民归有司，匠隶工部”的条款。洪武五年六月癸巳，朝廷在正式公布六部职能中，对工部的主要职能明确为“工部掌天下百工……总部掌城垣工匠”。洪武六年，增设营造提举司及营造提举分司。洪武二十五年四月庚申，改营造提举司为营缮所，秩正七品。设所正、所副、所丞各二员，“以木匠、瓦匠、石匠、漆匠、土工匠、搭材匠之精者为之”。这是在营建南京城池后期，首开工匠可以为官之先例。

工部，是南京城墙营建中统筹管理的最高行政机构。在对赴京的工匠进行管理的同时，还要对城垣建造中许多技术工作和建材调配等诸多方面负责。工部之下的管理体系，除了在京隶属工部的“将作司”（后称“营造提举司”、“营缮司”）主持具体工程外，外阜府、州、县各级的“提调官”由朝廷委派，负责征调各类建材、征派民夫赴京造作等具体事务。所谓“提调官”，是提举调度的意思，源于元至元九年（1272 年）改千户所为兵马司，隶大都路，以刑部尚书一员提调司事。这是“提调”一名的由来。明初，因各地督造为建造南京城墙烧造城砖等项征调任务非常繁重，故“提调官”被广泛沿用。因此，所谓“提调官”，并不代表官职，仅表明某（有官职的）官员在受朝廷委派承担征调事务的一种临时身份。以南京城墙砖文所见，充任各级“提调官”的官员在官职上，府一级有：府丞、同知、通判、经历、知事、照磨、付使、攒典、司吏、府吏、令史等;州一级有:同知、判官、司吏等;县一级有:知县、县丞、主簿、照磨、典吏、司吏等。由于南京城墙营造属于朝廷重点工程项目,明初在“官主行政,吏主事务”的情况下,地方“提调官”一职,由“官”充任,还要有“司吏”具体操办。

洪武十三年(1380年)正月,确定南、北官员更调用人之法:“命吏部以北平、山西、陕西、河南、四川之人,于浙江、江西、湖广、直隶有司用之。浙江、江西、湖广、直隶之人,于北平、山西、陕西、河南、四川、广东、广西、福建有司用之。广西、广东、福建之人,亦于山东、山西、陕西、河南、四川有司用之。”这种任职地区回避制,在中国历史上是比较罕见的,相对有效地防止了官吏利用本地亲属关系谋私的弊端。

1999年4月,笔者前往安徽省繁昌县调查砖窑遗址时,发现了砖窑遗址中的残砖,砖文为:“…… 照磨钱仁司吏施祥 …… 提调官主簿刘权司吏何泽”。根据南京市明城垣史博物馆馆藏相关砖文,可知残砖上的全部砖文应为“太平府提调官照磨钱仁 司吏施祥 繁昌县提调官主簿刘权司吏何泽”。清代《道光繁昌县志》载:“窑山租 …… 旧出于刘氏。先是明初定鼎建造金陵城,命宛平主簿刘赓制砖窑于繁邑。赓营基度地扦于陈冲埠、回龙矶。赓亡,复命子权袭其职。”由此可见,砖文所载的刘权,就是北人南官刘赓之后。刘氏父子在繁昌主持城砖烧制的数年中,恪尽职守,体恤民情,受到当地民众的爱戴,“父子继美,曲体民情,地脉坟茔,必加保

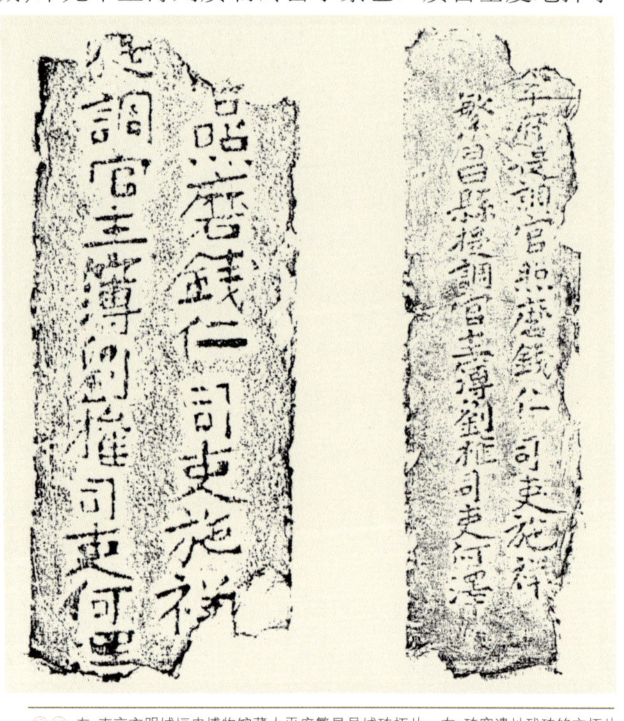

左:南京市明城垣史博物馆藏太平府繁昌县城砖拓片　右:砖窑遗址残砖铭文拓片

护。工既竣，即以陈冲等处田土赐权及子孙”。到了明弘治八年（1495年），朝廷“停止烧造官员”后，繁昌县百姓请求刘氏后人留在繁昌。通过这一例证，可以看出刘氏父子在繁昌督造城砖烧制的提调任上，做出了一番值得当地人缅怀的业绩。

安徽省繁昌县明代城砖窑址

但是，也有一些官吏利用手中的职权，利用南京城墙大规模建造之机，肆无忌惮地贪赃枉法、营私舞弊、瞒上欺下、鱼肉百姓。从朝廷工部的侍郎到地方上府、州、县一般的各级官吏，甚至一些并无官职、只是与建造南京城墙稍有关联的差使，都有腐败的行为。朱元璋在《御制大诰》中所举与南京城墙建造有关的案例虽不为多，但也触目惊心：洪武十八年（1385年）九月，工部侍郎韩铎等14人贪赃案发。公布的罪行中，仅其中“卖放人匠”一项，就得钞一万三千三百五十贯。最后经过统计，这个贪官案子先后贪赃：“除隐匿入己外，实供招到官，共该三万三百五十贯，木炭八十一万斤”。这是受贿后，直接将人匠“卖放”的案例。还有权力小、胆子也小的赃官，卖放人匠（或者囚徒）后，害怕事情暴露，竟另买一具死尸冒充的：“留守中卫千户所郭成，差他监领囚人砌城。他接受囚人舒余庆等钞三百贯，将他卖放回家，却将钞六十一贯，去土工宋官保处买到死尸一个，顶做舒余庆相视埋了。事发，免死发金齿充军。”南京城墙营建对建材需求量惊人，外地的贪官自然也不会错过这个机会：“湖州府（今浙江北部——

笔者注）官吏刘执中等，不谋公而谋私，将籍没凌说山场所产木植，砍伐二十九万，设计差夫搬运，卖遍府县……止解二万余根至京。”还有“积年民害官吏，有于任所（所在地的执法部门——笔者注）拿到，有于本贯（指南京三法司——笔者注）拿到。此等官吏，有发云南安置充军者，有发福建、两广、江东、直隶充军者，有修筑城垣二三年未完者。这等官吏，皆是平日酷害于民者……”而一些人夫、匠夫的头目乃至一般的差使，也有这类例案。“近年来，起取民间有力壮士充校尉，随驾出入。因见好汉，著令四方打差……”由于“各衙门皂隶、驾前行人，遇有差使，至其所在，虽不需索，动止便以财物相送。再思皂隶、行人，于朝无功，于民无益，到处所受赃私，动经千百。此等赃钞并无人讦告，禁也禁不住。”因此，洪武十八年五月，征调天下各地的“民丁充力士者”14200人往京师，有的充任朱元璋身边的随驾，有的被派遣各处差使。结果，还发生了更为荒唐的事：“周金保等八名，为催办城砖事差往常州等府，至彼受财无厌，又行脱放有罪囚徒，受彼赃私，经九月不至。差人诣所在捉拿，本人已于本处娶讫妻室，盖造院宅，置买牲口，就彼为家。”这是南京城墙在建造中，发生的一桩一般差役私放囚徒，并携款而逃，隐匿民间的真实案例。上述案例，无论是工部的官员，还是府、州、县的官员，抑或是差使，一经发现，朝廷或杀或流放充军，而且录入《御制大诰》中，以为训诫，昭告天下。

当时，参与建造南京城墙的各类劳力不仅人数众多，而且身份复杂。从大类来分，大致包括了这样几种身份：军士、人夫、工匠、囚犯等。这几种不同身份的参建者，在参与建造南京城墙人数的比例上，也不尽一致。

军士，也称军人、军夫、军匠，是参与南京城墙建造的主要劳力之一。在南京城墙初期的“新城”建造中，筑城工程几乎全部是由军士承担，称之“军役”。明人朱国祯在《涌幢小品》中记载：“太祖集诸地师数万人，卜筑大内，填燕尾湖为之。”其中“诸地师数万人”，是指驻扎在当时应天府的军士。在《明太祖实录》等正史中也有记载：吴元年二月丁未朔（1367年3月1日），“拓都城讫工，命赏筑城将士。”当时在南京的军士，实际上承担了三项任务：即防御、种粮和筑城。其中，筑城军士所承担的劳役相当艰辛。

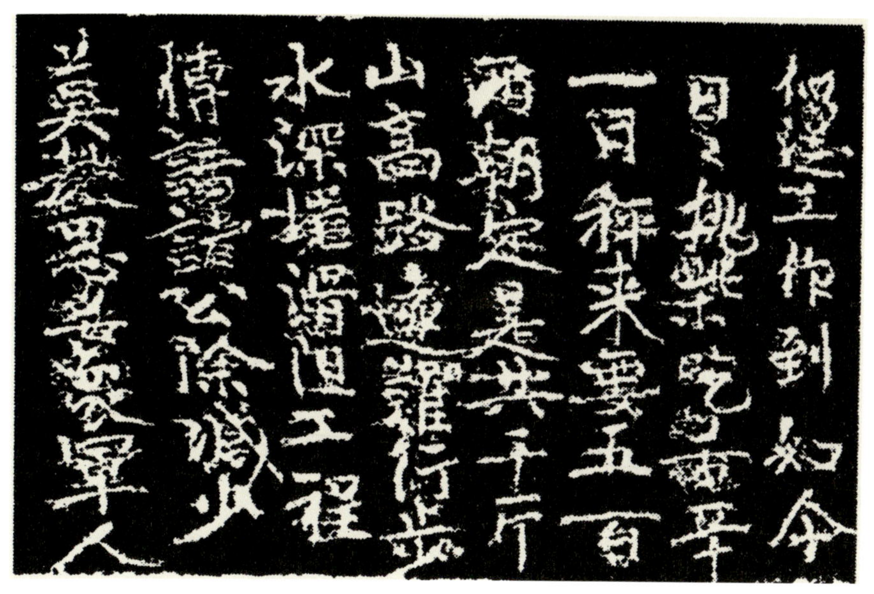

"军工辛苦"砖文

洪武三年（1370 年）十二月丙子，大都督府言："自吴元年（1367 年）十月至洪武三年十一月终，军士逃亡者，计四万七千九百八十六人。"朱元璋下令全国各地的诸司立即追捕。后来，又制定逃亡军士若"能自首者，免罪复役"。明人黄瑜在《双槐岁钞》中称："国初，民出涂炭，乐于从军。后因征调，率多逃绝，谪配者尤甚。惟垛集最为良法。户三丁以上垛正军一名，别有贴户，正军病死，贴户丁补役。"这种"贴户丁补役"之法，就是针对逃役而定。既然连退路也没有，只好充军服役。然而，参建南京城墙筑造军役中一些年老体衰、患有疾病的军士想以家人顶替其役，也不允许。南京城墙中有一块砖文写到："似从工作到如今，日日挑柴吃苦辛。一日秤来要五百，两朝定是共千斤。山高路远难行步，水深堤滑阻工程。传语诸公除减少，莫教思苦众军人"。这便是当时军士参与南京建城劳作的真实写照。直到洪武十五年，朝廷才放宽了政策："令各卫军士年老及残疾，有丁男者，许替役。所管官旗留难者，坐罪。"

军士在筑城的同时，还要担负运砖的任务。洪武二十年（1387 年）六月甲申，留守卫军士运官砖（即城砖）在江面上与渔民的船发生碰撞，军士落江而亡。官吏逮捕了渔民，并打算治罪，被朱元璋知道后，训示道：

"两舟相触，而军士不慎致溺死，岂渔者故害之耶？"下令将渔民释放。洪武二十五年前后，山东监生周敬在上疏谏中，毫不避讳地指出："方今国则愿富，兵则愿强，城池则愿高深，宫室则愿壮丽……于是多取军士，广积税粮，征伐之功无虚日，土木之工无已时，如之何其可治也。"可见当年大批军士参与造城（包括烧造城砖）时间之久、劳役之重。军士参与南京筑城等繁重劳役的状况，一直延续到永乐十二年（1414年）正月己亥，朝廷才下令"停运营造城砖。罢遣军士，悉归休息"。

人夫，又称均工夫、人户、粮户、造砖人、造砖人夫、雇人、佃户等，是南京城墙建造工程中又一主要劳力来源。这个群体的构成是因朝廷"计田出夫"的政策所致，主要来自于农村乡镇。自明王朝建立后，朱元璋为了更广泛地征调全国范围的劳力参与建造南京城墙等劳役，以及强化赋税征收的财政管理，下令整顿农村基层组织，清查户口、田地，建立户籍制度，以便控制农村基层社会。这项"整顿"，从洪武元年（1368年）接管旧元户口典籍开始，先后经历了洪武元年在应天府州、江西九江、饶州、南康三府试行"均工图册"、洪武三年在全国推行户帖制的同时，一些地区实行了所谓"小黄册里甲"之法；洪武十四年在户帖基础上，建立了黄册里甲制；直到洪武二十年编绘全国范围鱼鳞图册，前后花了二十年。这项逐步完善的制度为确保征调大量人夫参与南京城墙的建造，提供了重要保障。

洪武三年（1370年）七月辛卯，朱元璋同意开始征调"均工夫"赴京服役，由直隶应天等18府、州和江西九江、饶州、南康3府，合计21府州的均工夫"每岁农隙，其夫赴京供役，岁率三十日遣归"，"田多丁少以佃人充夫，其田户出米一石，资其费用；非佃人而计亩出夫者，其资费则每田一亩出米二升五合，百亩出米二石五斗"。由此，南京城墙的营建中，出现了一支规模浩大的由乡村民众组成的建筑队伍。

洪武八年（1375年）三月，朝廷再次"诏计均工夫役。初中书省议民田每顷出一丁为夫，名曰均工夫役，民咸便之，至是上复命户部计其田多寡之数，工部定其役，每岁冬农隙，至京应役，一月遣归。于是检核直隶应天等一十七府，江西所属一十三府，为田五十四万五百二十三顷，出夫五十四万五百二十三人”。较之洪武三年七月征调“均工夫”的 21 个府州，多出了 9 个府州，由此可以看出征调“均工夫”地域的范围呈扩大趋势。其中还不包括文献未记载、而在南京城砖上发现的湖广行省的武昌、黄州、荆州、常德、长沙、蕲州、岳州、衡州、澧州、安陆、沔阳、永州等 12 个府州。直到洪武十七年正月，百姓参加的这项劳役才结束，前后达 15 年之久。

均工夫除赴京参役外，还有许多在当地服役。诸如：在当地参与采伐、烧造、运输各类建材等。这种情况在文献中鲜有记载。但是，在南京城墙砖文中，有大量例证可考。如属于江西行省的“临江府新淦县洪武四年均工夫造”、“洪武七年 分（宜）烧造均工城砖 匠人弓二造”等砖。洪武三年（1370 年）征派江西九江、饶州、南康 3 府均工夫役时，明确是属于“赴京”的均工夫役，故未提到临江府。因此，“临江府新淦县洪武四年均工夫造”这一类城砖表明：为南京城墙烧造城砖，向各地征派的均工夫役，远不止洪武三年提到的 21 个府、州。

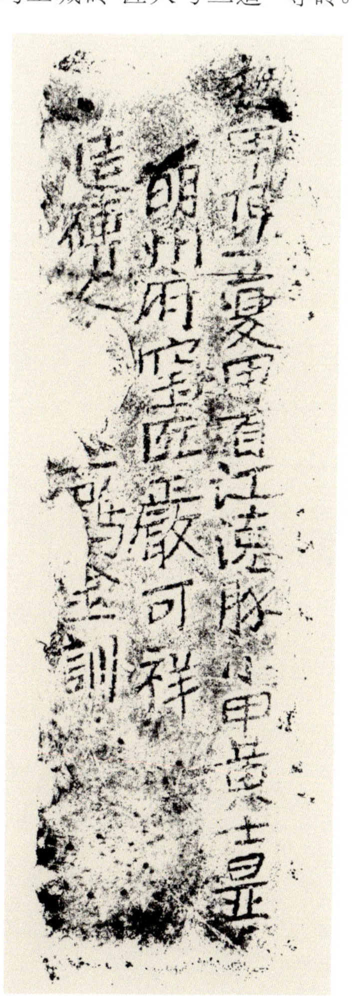

“明州府窑匠”砖拓片

洪武年间，各地为南京及中都烧制城墙砖征派人夫服役的组织形式比较复杂。作为一种里甲赋役制度，在直隶、江西等地区已经局部实行。据《永乐大典 · 湖州府 · 田赋》所引《吴兴续志 · 役法》载：“国初，各都仍立粮长。洪武三年以来，催办税粮军需，则为小黄册之法；夫役则有均工夫之制；总设粮长领之。…… 粮长，洪武四年始置。每粮万石，设粮长一名，知数二名，推粮多者为之。…… 黄册里长、甲首，洪武三年为始，编置小黄册。每百家画为一图，内推丁力田粮近上者十名为里长，余十名为甲首。每岁轮流。里长一名，管甲首十名；甲首一名，管人户九名；催办税粮，以十年一周”，即“小黄册里甲”之法。在南京城墙砖文中，有一块不仅有“粮长”、“总甲”、“里长”、“人户”、“窑匠”等常见的称谓，砖文上还出现了极为少见的“知数”称谓：“抚州府临川县提调官主簿许宗孟 司吏黄裳 粮长饶伯□ 知数饶从□ 总甲赵仕安 里长朱□一 窑匠周信□ □户赵□□”。据《太祖实录》载：洪武六年九月辛丑“松江、苏州等府于旧定粮长下各设知数一人，斗级二十人，送粮人夫千人，俾每岁运纳，不致烦民。”由此可知，无论“粮长”，还是“知数”，均与朝廷向地方征派、运送粮食有关。同时，他们与“里长”、“总甲”一同承担了南京城墙砖烧造、运送的任务。

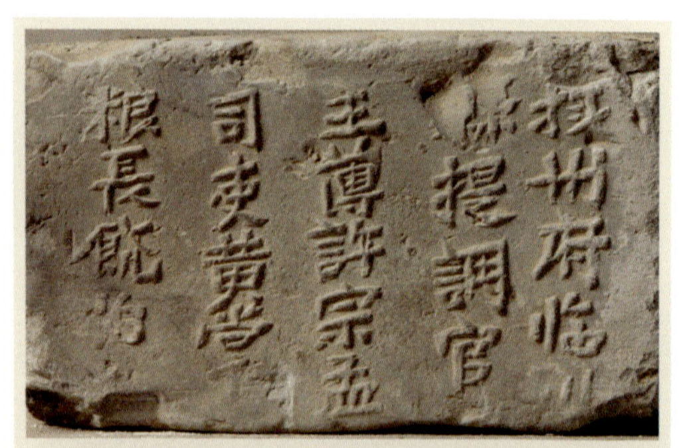

◎◎ 抚州府临川县“粮长”、“知数”、“总甲”、“里长”出现在同一块砖文

工匠，或称“匠户”、“作头”、“作匠”、“烧砖人”、“烧砖人户”等，是一个“百工技艺”混杂的群体，相对其他建城人员来说比较复杂。明初，这个群体从行业上，分为62种，有的与建造城墙直接相关，有的属于间接关系，还有的与建造城墙无关。如：鞍匠、熟皮匠、伞匠、扇匠、银匠、玉匠、纸匠、表背匠、织匠、染匠、裁缝匠等。比之元代对工匠划分的22类（其中单独立有“城郭”一项），要细化了很多。工匠在建城群体中人数不占多数，作用却相对突出。在一些需要技艺的部位，如城楼、城门的拱券、水关涵闸、墙体用材、地基处理以及建材的采造（如烧窑、烧制石灰）等方面，工匠应该是发挥了重要的作用。而散处在各地为数不少的窑匠，未必赴京，只是在当地搭建砖窑、烧造城砖。尽管文献未做这方面的记载，但在南京城墙砖的砖文上，可以得到大量这样的信息。在南京城墙上的城砖铭文上，还发现了明州府（今浙江宁波）的窑匠烧造的城砖：“明州府窑匠巖司保。”这

说明当年烧造城砖的窑匠并不完全由当地人充任，在窑匠缺乏的地区，朝廷还要征调异地的窑匠赴当地服役。

早期的城墙建造中，工匠的生存状况尤为恶劣，以至《明史》有载“工匠死，胔骸暴露”。洪武六年(1373 年)，新城“宫殿城垣，一切完备”之后，工匠因不堪其苦，向朝廷进行过一次斗争，朱元璋竟下令进行镇压。这次血腥事件，《太祖实录》未载，或在建文、永乐时已被删除。洪武十年十月丙午朔，南京改建社稷坛成，行奉安礼，朱元璋亲撰的《奉迎社稷祝文》中对此有了一点披露：“昔者建国之初，立神坛于此。其宫殿城垣，一切完备。后因工匠压镇，百端于心弗宁。”几年之后，朱元璋还心有余悸。这是南京城墙营建中，发生的有文字记载的一次血腥事件。洪武六年以后，朱元璋对工匠的待遇有所改善，并表示“工匠甚劳，有不幸而死者，忧悬朕心”。多次赏赐在役的工匠，还对在京工匠“其中有以疾病致死者，不能归葬……尔工部即遣人收其遗骸，函送其家，各以钞七锭，给其妻子瘗之”。但是，生病不能上工的住坐匠，仍要出钱雇人上工：“如果贫病不堪，照例每月出办工价银一钱，委官雇人上工。”赴京筑造的工匠，真可谓饱受艰辛，困苦不堪。

洪武十九年(1386 年)夏四月，朝廷采纳工部侍郎秦逵对工匠管理的建议，做出了统一规定：“定工匠轮班。初工部籍诸工匠，验其丁力，定以三年为班，更番赴京，轮作三月，如期交代，名曰轮班匠。……诸工匠便之。”洪武二十六年，朝廷对在京工匠的管理进行了第二次改革：“先分各色匠所业，而验在京诸司役作之繁简，更定其班次。”这个办法就是打破了三年一班的硬性规定，按照各部门实际需要，制定五年一班、四年一班、三年一班、二年一班、一年一班等五种轮班法。由于轮班匠在付出相当劳动之后，还要自筹路费，更增加了一项负担，故明初匠户逃亡、“隐为民”的现象屡禁不绝。

囚犯，又称囚人、罪人等，在所有参与建造南京城墙的人员中，不仅工作量更大，而且根据朝廷规定，犯徒罪以上罪行的犯人，都要“带镣”参加筑城。《大明会典》称：“镣。连环，共重三斤，以铁为之。犯徒罪者带镣工作。”囚人服役称“工役”。“工役二等，以处罪人输作者，曰正工，曰杂工。杂工三日当正工一日，皆视役大小而拨节之。”另据《大明会典》记载：每正工一日：“挑土并砖瓦：附近三百担，每担重六十斤为准。半里二百担；一里一百担；二里五十担；三里三十五担；四里二十五担；五里二十担；六里一十七担；七里一十五担；八里一十三担；九里一十一担；十里一十担”。一个正工要完成如此大的工作量，其劳动强度非常惊人！“打墙：每墙高一尺，厚三尺，阔（宽）一尺，就本处取土为准”。可以想象，带镣的囚人在日复一日建城中所消耗的体力何等惊人！

《明史》载：“帝（朱元璋）尝令重囚筑城。（马）后曰：‘赎罪罚役，国家至恩。但疲囚加役，恐仍不免死亡。’帝乃悉赦之。”此事在刘辰《国初事迹》有载：“太祖尝曰：‘浙江寺院田粮多，寺僧惟务酒肉女色，不思焚修。尽起集京城工役。’死者甚众。皇后谏曰：‘度僧本为佛教，为僧犯戒，自有果报。今使工役死亡，有所不忍。’太祖从后言，尽赦之。”然而，“尽赦之”却是暂时的。洪武十五年（1382 年）八月马皇后故世以后，朱元璋以及朝廷就没有“赦之”，而是数次下令，将全国“积岁官吏为民害者”、“积年民害”者等重犯押送京师参与建造城墙。朱元璋在《御制大诰续编》中也称：“为此作积年民害，拿至法司，发付修城”；洪武二十三年七月，“敕法司凡在外死罪真犯者，令具其罪状申刑部，刑部详议。既定，然后遣官审决，若徒流杂犯免死者，俱送京师输作”。与“囚人”罚往京师筑城相比，《御制大诰》中所列刑法更为残忍，创设了断手、剁指、挑筋等刑法。在如此酷刑下，“囚人”带镣筑城也只好任其处罚了。筑城中的“囚人”死后，有关部门还要去死者的家中，将其父兄解押到南京，替补死者未满的役期。洪武二十八年二月，朱元璋“以人犯法多至于死，故不忍加刑，令罚役，以全其生。殁则已耳，乃追其父、兄补之，果何罪耶？”因此，取消了这种罪人罚役死后连带家人补役的做法。

除了被判“输作终身”的“囚人”，其他一些“限年输作”和“一年输作”的“囚人”，在“役满（后），工部咨送刑部、都察院，引赴御桥叩头发落”。南京城墙的收尾工程，最后是以“犯流罪者”充任的。洪武二十九年（1396 年）三月庚午，朱元璋“令吏民有犯流罪者，甓京师城各一尺”。此项工程何时完工不明。此后，洪武一朝未见有再筑城垣之举。

第三节 ◎ 建材的采集、制造和运输

明代南京城墙的建材使用量是其他任何一座单体建筑所无法比拟的。建造城墙用材，大致有城砖、条石、片石、木材、石灰（包含其他黏合材料）、颜料等。这些用量巨多的建材来自全国各地。其涉及区域之广，数量之浩繁，都令人叹为观止。

明代南京城墙的建材使用量是其他任何一座单体建筑所无法比拟的。除了宫城、皇城、京城及外郭的墙体（包括基础等）、防排水设施，还有城门、闸门以及数十座高大壮丽的城楼。建造城墙用材，大致有城砖、条石、片石、木材、石灰（包含其他黏合材料）、颜料等。这些用量巨大的建材来自全国各地，其涉及区域之广、数量之浩繁，都令人叹为观止。

城砖，又称官砖、官甓、贡砖、皇砖、城墙砖，是明初建造南京都城城垣工程中最大宗的一项建材，初步估算全城约耗城砖上亿块。每块城砖规格约为 40×20×10（厘米），如将单块城砖连接起来，足可绕地球赤道一圈。这些数量惊人、规格基本一致的城砖，产地不一，文献并没有详细记载。只有通过城砖

铭文的收集、整理，尚可逐步获得其概况。

从南京城墙城砖烧造的区域来看，所涉及的地域很广，大约包括今江苏、安徽、江西、湖北、湖南等五个省份。除了中央、地方政府和军队烧造城砖外，其他还有一些城砖没有标明产地，仅有纪年、刻画符号、方位、数字以及少量无字等类型的城砖。洪武二十六年 (1393 年)，在南京城墙大规模营建任务基本完成、一些增高加厚的工程用砖量急剧减少的情况下，朝廷终于下令："凡在京营造，合用砖瓦，每岁于聚宝山 (今雨花台) 买窑烧造，所用芦柴，官为支给。其大小厚薄样制及人工芦柴数目，俱有定例。""皇城、京城墙垣，遇有损坏，即便丈量明白见数计料，所有砖、灰，行下聚宝山黑窑等处开支，其合用人工，咨呈都府，行移留守五卫差拨军士修理。"

城砖的泥土砖料，由于来自长江水系若干府、州、县的广袤地区，取土的质地不可能一样，呈现出南京城墙砖质地的多重特性。大致有黏土、沙粘土、沙土和高岭土等多种土质，绝大多数城砖质地非常坚硬。少数沙土质地的砖坯中含沙颗粒较大；有的在烧制中，由于转釉 (烧造过程的一种技术) 火候掌握的不是太好，城砖剖面砖芯出现原生土的色泽，没有转成青灰色；少数城砖由于砖坯没有风干或有过火现象，砖体出现弯曲或有裂纹 (缝隙)。

在南京城墙城砖中，以高岭土烧制的城砖 (俗称"瓷砖") 具有很强的时代特征及地区特征。其色泽为白色、米黄色、灰白色，质地强于其他土质烧造的城砖(少数也有风化现象)。这类城砖，大体分布在袁州府(今江西)宜春县、萍乡县、分宜县、万载县和临江府(今江西)清江县、新淦县、新喻县，而实际的情况可能还要比上述的产地多。

木材，是南京城墙建造中的主要耗材之一，用于对墙体地基的加固、城门楼的建造等项目。采木之役遍及四川、江西、湖广、浙江、山西、北直隶、南直隶、云南等地。仅浙江行省湖州府凌说山场所产可用木植即有二十九万根。洪武八年(1375年)七月辛酉，设工部广积场(俗称"皇木场")大使、副使各一人，以加强对运往南京的材木的管理。当时，朝廷从各地采木运到南京后，主要集中地为"皇木场"。嘉靖年间 (1522—1566 年)，

洪武八年与永乐五年砍伐楠木摩崖石刻拓片

营缮司主事龚辉曾绘采木所遇艰险等状 15 图。图名分别为：山川险恶、跋涉艰危、蛇虎纵横、采运困顿、飞桥度险、悬木吊崖、饥饿流离、焚劫暴戾、疫疠时行、天车越涧、巨浸漂流、追呼逮治、鬻卖偿官、验收找运、转输疲弊。采木之政弊端丛生，公私交困。为建造南京都城，朝廷先后多次下令在全国范围征集粗壮的“大木”、楠木，运往南京。

由于新宫建造在燕雀湖的位置，需要对松软地基进行加固，如采用密布木桩和碎砖加黄土层层夯筑的方法。在近些年对南京城墙许多地段的考古发掘中，大都在明代的宫城、皇城、京城以及宫殿的地基部分发现大量木桩。如在长约 15 米的一段城基下部，所挖木桩达 1700 余根。如此估算，仅属于南京城墙地段所需的木桩数量，可说是恒河沙数。木桩下端削成三角形尖头，上端均有被反复夯击的明显印痕，根据有的木桩上刻有的“一丈五尺”等文字推算，木桩长度大约为 4.8 米；一般长度为 3—6 米。用于地基的木桩，直径为 16—28 厘米，最粗者达 36 厘米；木桩之间的间距，一般为 8—12 厘米，最密处 2—4 厘米。

石料在南京城墙建造中用量不少。自通济门至三山门段城墙几乎全部（除了宇墙、雉堞和顶面用砖外）用条石砌筑，还用于城墙部分地基以及其他地段的墙体勒脚、城门地面道路的铺设、部分城门的拱券（如聚宝门等）；在外郭的重要地段，如 2010 年对佛宁门遗址考古发掘中也发现了用条石做基础的情况。砌筑墙体的条石，规格一般为长 0.80—1.39 米，宽 0.70 米，厚 0.26—0.33 米。条石六面中的五面基本呈平面，深入墙体一面则呈不规则状，以利墙体内部相互间的拉接，增加其强度。关于石料的产地，有专家认为："产于南京本地的东郊沧波门外诸山和汤山"，距离在 15 至 30 公里。《南京文物志》载："湫湖山采石场遗址，在溧水县东庐乡湫湖山北麓，距县城 13 公里。"在对繁昌县境内数处被称之为"明代采石场"遗址调查中，虽然对其年代、采石方法、运输、石料用途等一系列问题，大都限于当地群众的口头传说，但是，采石场遗址所在地的大量民间故事、传说等，时代背景大都与明代朱元璋建造南京城墙有关；采石场的"塘口"（山体剖面）岩石上，至今留下非常壮观、清晰可见的凿痕。

黏合材料，又称夹浆、混合浆、黏合剂等，主要用于南京城墙城砖之间的粘合，正史不载，野史无记。六百年来人们只是凭借墙体上那色泽乳白、掐之坚硬、渗透砖隙间的凝结体及其上的气泡眼的感性认识，并加以丰富想象力，产生了"朱元璋用糯米汁筑城"的传说故事，并代代相传。张其昀在《首都之地理环境》中称："以石灰秫粥（高粱糊 —— 笔者注）锢其外，故任指一处击视之，皆作纯白色，是以崇垣屹立，历数百年巍然无恙。"杨宽在《中国古代都城制度史研究》中称：南京"城墙以花岗石作基础，并在砖缝内灌入桐油、糯米汁和石灰汁，因而十分坚固"。也有学者根据甘熙所著《白下琐言》记载的"蓼草"，"放水加温，可成黏液，与适量石灰、细砂伴合城混合浆，用于黏结砖石之用。"认为甘说较为可信。南京城墙尽管迄今已经六百年了，但城墙内部的黏合材料仍然是软的，没有完全固化。所以，明代南京城墙黏合材料是否掺和了糯米汁，仍然是个待解之迷。

黏合材料中，除了上述使用石灰、糯米汁（或高粱汁、蓼草等）、桐油等材料作为混合浆外，在关键部位还用生铁来溶灌。"城河坝砖脚五尺，以生铁溶灌之"，以增强墙体的牢固。2000 年，在南京西水关基础部分，就曾发现过已锈腐的铁质块状物。

从对城砖产地分析的情况看，南京城墙砖及其他建材主要是通过水路运来南京。城砖产地分布较广，目前所知最南边为赣州府龙南县（今江西龙南县，靠近广东省），最西边为荆州府松滋县（今湖南松滋县），最北边为淮安府（今安徽淮南市），最东边为扬州府通州海门县（今江苏海门市）。在如此广袤的地区烧造城砖，使得运输在当时成为一个不小的问题。朝廷解决的办法有两个，其一是官办专职从各地向南京输送城砖；其二是“令各处客船，量带沿江烧造官砖，于工部交纳”。洪武九年（1376 年），朝廷还针对南京用砖量剧增的情况，命令江西、湖广郡县民家裕饶者，据《春草斋集》卷七《骈义传》载，“造舟运甓之京师”。当年在运输城砖时，还实行了一种“砖票”的办法。据《大明会典》载：“按季将收运过数目报部查勘，仍行沿河郎中等官，但遇船只逐一盘查。如有倚托势豪及奸诈之徒，不行顺带者，拏送究问；回船查无砖票者，拘留送问。”洪武十七年正月己亥朔，因朝廷下令“定军士修城，毋得役民”后，运砖之役则由军士承担。

建材的水上运输是以长江中下游为主要通道，并以此辐射到相关的河道、湖泊。所涉及的这些河流、湖泊，大致有今天的长江、赣江、袁江、禾水、汝水（建昌江）、鄱阳湖、大运河、太湖、秦淮河、肥水、巢湖、滁水、漳河、昌江、霸水、贡水、洞庭湖、湘水、汉江等，涉及大小湖泊、河流多达百余处。所涉及的府县均处于长江水系之中，承担了南京城墙城砖的烧造和运输。有的县尽管与已发现为南京城墙烧造城砖的县比邻，但由于不属于长江水系，故迄今尚未发现这些县烧造的城砖。

◎第六章

城池构造的特点

在中国城垣建造史上，南京明城墙具有鲜明的时代特性和无法替代的价值。以朱元璋为代表的统治集团对传统都城产生了新的认识和理解，在继承传统的同时，又融合了广大劳动人民的集体智慧和才能，因而有了新的创造和成就。所谓“汉墓唐塔朱（猪）打圈”的俚语，是对我国古代汉、唐、明三个朝代具有特色的建筑物体形成高峰的概括。它说的是汉代的墓葬、唐代的宝塔、明代的城墙，在中国古代建筑史上具有突出的地位和影响。因此，从这个意义上说，明代南京城墙具有划时代的开创意义，也是南京城墙发展史上最大规模的形制，其影响深远。

元末明初建造的南京城池，在建造技术上集中体现了中国古代冷兵器时代筑城技术之大成。这种筑城技术的巅峰之作，有一个发展的过程，并非一蹴而就，而是朱元璋等一批南京城墙建造者们，经过长期实战、攻城掠地的经验总结；此外，随着全国战争趋于缓和，出现了相对稳定的局面，使得朱元璋在第二次南京城墙建造中有了更多的物质基础，人员征调以及筑城技术交流具备了更成熟的条件。因此，这个时期的南京城墙建造，无论是整体布局的合理性、城砖的烧造工艺，还是筑城技术，都较前代有了很大的提高和发展。

第一节 ◎ 南京城墙四重城垣

中国古代都城的结构形式，有一个不断发展、完善的过程。
从西周到春秋战国时期，都城由一个『城』，
发展为『城』与『郭』连结的两重城垣结构。
明代南京都城则开创了四重城垣的结构形式，
即宫城、皇城、京城和外郭，
这是明代南京城墙的整体特征之一。

中国古代都城的结构形式，有一个不断发展、完善的过程。从西周到春秋战国时期，都城由一个“城”，发展为“城”与“郭”连结的两重城垣结构，《吴越春秋》中所谓的“筑城以卫君、造郭以居民”，就是这个意思。这种都城两重城垣结构的形式，一直沿袭到秦代咸阳、西汉长安城（今西安市西北约3公里处）。自东汉迁都洛阳以后，又出现了三重城垣结构的都城形式，大体称皇宫（即宫城或皇城）、内城（即京城或皇城）和郭（即外城），如隋代的大兴城（今西安）、唐代的长安城（今西安）、北宋的东京（今开封）、元大都（今北京）等。明代南京都城则开创了四重城垣的结构形式。永乐迁都北京所建造的都城初期仍是三重城垣，直到明嘉靖三十二年（1553年）闰三月乙丑，

南京午门南面

因廷臣所议北京应仿南京城垣建外郭之祖制，始建外郭。明世宗嘉靖帝（1522—1566 年）朱厚熜与严嵩等人讨论修筑北京外城难易以及实际情况后，遂下令先筑京城南面的外城，后因财力所限其他三面城墙未筑。

因此，南京城墙相对完整的四重城垣结构（即宫城、皇城、京城和外郭），是明代南京城墙整体特征之一。

一、宫城，又称大内、内宫，俗称紫禁城、紫垣，是朱元璋起居、办理朝政、接受中外使臣朝觐以及皇室成员居住之地，也是南京四重城垣中的核心。宫城坐北朝南，平面略呈长方形。宫墙墙体南、北各长约 0.76 公里，东、西各宽约 0.97 公里，周长约 3.5 公里。在宫城墙体上初期开

南京午门北面

有城门四座，洪武十年(1377 年)“改作大内午门，添两观。中三门，东、西为左右掖门”，故共建有六座城门：南面的正门为午门，在午门左右两侧为左掖门和右掖门，西门为西华门，东门为东华门，北门为玄武门。玄武门，俗称“厚载门”(即今误称的“后宰门”)，取《易经》坤卦：“地势坤，君子以厚德载物”，故曰：“厚载门”。

午门前是传达圣旨、颁布朝廷文告、献俘的重要场所，也是皇帝处罚大臣“廷杖”之地。从午门入，有宫墙环绕，过内五龙桥，便是奉天门。奉天门左有东角门，右有西角门，门上都有楼阁。东角门的南边有左顺门，可通文华门入宫城左路抵文华殿，亦可通东华门；西角门的南边有右顺门，可通武英门入宫城右路抵武英殿，亦可通西华门。

今日午门

奉天门位于午门内金水桥正北，是为奉天殿之前门，亦称大朝门，属于宫城制度方面的礼仪之门，而不属宫城的城门。过奉天门就是皇宫最重要的三大殿建筑：奉天殿，是朱元璋举行重大典礼和接受文武百官朝贺的地方。当年曾上朝觐见过朱元璋本人的刘崧，在其所记朝会经过的同时，对这座建筑有这样一段描述性的文字：洪武十年（1377 年）“奉天殿新成，土木疏朴，未甃饰也。上冠通天冠，御白袍，负山字金漆素木屏风，据金椅，下施苇席焉”。奉天殿旁左庑向西边的称文楼，右庑向东边的称武楼。华盖殿，位于奉天殿的后面，四面出檐，渗金圆顶，殿顶上还缀有硕大的金球一颗。每逢春节、冬至和朱元璋的生日，朱元璋都要在这里先行接受内阁大臣和宫廷执事人员的参拜，然后才去奉天殿接受百官的朝贺。谨身殿，位于华盖殿之后，规模仅次于奉天殿，也是一座双重飞檐的大殿。这三座宏伟的建筑，构成宫城“前朝”的主体部分。

“前朝”的后面属于“后宫”（亦称“六宫”）范围。后宫南面正中的大门为乾清门，门内为乾清宫大殿，是皇帝的正寝。宫殿左边有日精门，右边有月华门。乾清宫后面是省躬殿，制式如同华盖殿，但略小一些。省躬殿后为坤宁宫，是皇后所居住的地方。坤宁宫的东、西两侧，建有柔仪殿和春和殿两座别殿。后宫之制甚严，经朱元璋先后五次修订而成，宫人不仅不得出宫，甚至连书信的片言只语，也不得传出，违者杀无赦。

此外，宫城内还有祭奉朱元璋祖先的“奉先殿”；珍藏、修编经典书籍的“文渊阁”（位于奉天门之东）；专门为“东宫亲王读书”而建造的“大本堂”；以及富丽堂皇的后宫诸多宫廷建筑。宫城中的御花园里还有一

◎◎ 南京明故宫被俗称的“马娘娘梳妆台”

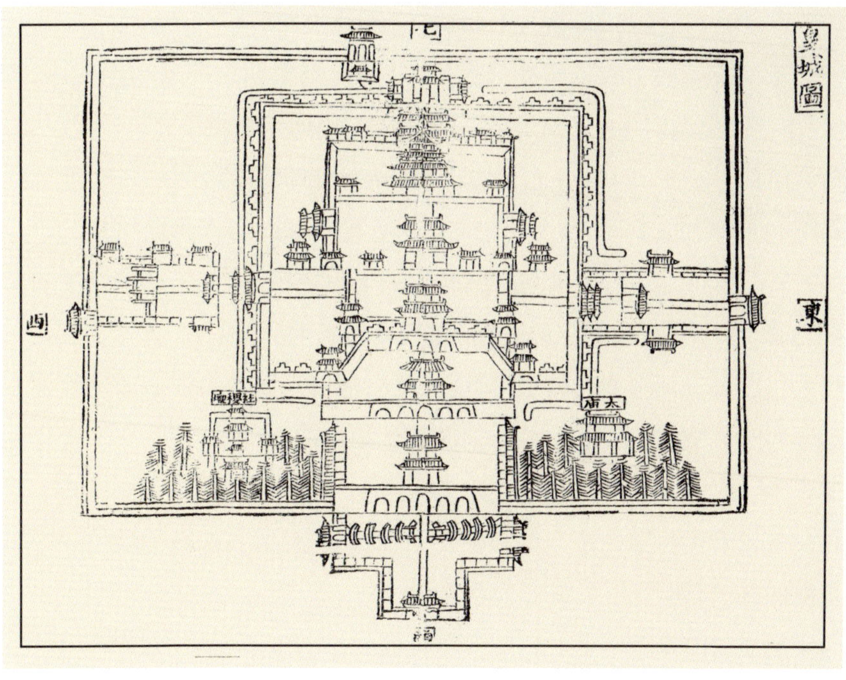

◎◎《洪武京城图志·皇城图》,图中内为宫城

座不算太小的动物园:除了虎房、豹房等奇兽诸房,以及鹰房、百鸟房、海外珍禽房外,甚至还有一座虫蚁房。所置的珍禽异兽,被人称之“靡所不备,真足洞心骇目”。当年后宫御花园中有一座假山,据说当年马皇后喜欢在这里让宫女们为她梳妆,所以此处俗称“马娘娘梳妆台”。其中部分构件现已搬迁到南京白马公园内。

宫城建造比较简朴,从现今遗留的南京午门须弥座石刻和凤阳午门须弥座石刻比较上可以明显看出。明初建造的中都(今凤阳)、北京(今北京)两座都城中宫城的格局,都是模仿南京的布局,甚至连殿名、门名都沿袭未改。

二、皇城,也称“皇墙”,是南京四重城垣由里向外的第二道城垣,平面呈倒“凸”字形,是中央行政机构和国家宗庙的所在地,也是中国封建统治中枢的象征。初期皇城环绕宫城呈东、西等距而建,长度为8.23公里。永乐三年(1405年)因改筑皇城西垣,故西华门至西安门的距离,要比东华门至东安门的距离长一倍左右,长度为10.32公里。皇城与宫城及其囊括的建筑,合称为“皇宫”。

在皇城城垣上共开筑城门六座,外加与城墙不连接的端门一座,均建有城楼:皇城的正南门是洪武门,位于京城正阳门(即民国时期改称的光华门)内北面;进洪武门后,为南北向的千步廊,两边的廊建有连续的廊屋,由南而北,到承天门前的横街分别转向东西而成为曲尺形。千步廊之后的东、西两侧,分别为“五部六府”,即中央官署的所在地。千步廊最北端直抵金水桥(今外五龙桥),过桥即是承天门(相当于北京天安门)。承天门内至午门之间为御道,御道上建有端门一座。御道东西两侧建有南北向的宫墙,把东面的太庙、西面的社稷坛隔在外面,使得这条御道更加突出,成为通向宫城的惟一交通线。承天门前南北走向的皇墙上,建有衔接长安街且东西相向的长安左门和长安右门;在皇城主城的东面为东安门,西面为西安门,北面为北安门。

皇城内的重要建筑还有午门南面东、西两侧的太庙和社稷坛。

三、京城,又称外城、城隍等,今被简称“南京城墙”。南京京城的城墙是明代南京四重城垣由里向外的第三道城垣。京城的设计、建造是根据当时的国力,在传统的道教堪舆术基础上,针对南京地理形势、利用旧有部分城垣等综合因素而逐步完成的。

京城城墙所围的面积为41.07平方公里。城墙周长历来说法不一,故颇多争议,以1928年《首都计划》的33.5公里和1958年统计的33.676公里这两个数据相对准确。京城开筑城门13座,每座城门配设数量和规模不等的瓮城及对开城门和闸门各一套。为了记住南京的13座城门名,民间编了个顺口溜:“神策金川仪凤门,怀远清凉到石城,三山聚宝连通济,洪武朝阳定太平。”顺口溜中有几座城门名并不确切,还漏掉了一座与“仪凤门”相对的“钟阜门”。《儒林外史》写的南京城门名比较详实:“三山聚宝临通济,正阳朝阳定太平,神策金川近钟阜,仪凤定淮清石城。”这是按逆时针顺序排列的13座城门。

现按正史记载顺序,分述各城门如下:

正阳门:公元17世纪开始民间曾误称为洪武门,公元1928年夏改称光华门,位于南京城南,与皇城正南的洪武门呈同一条中轴线,坐北朝

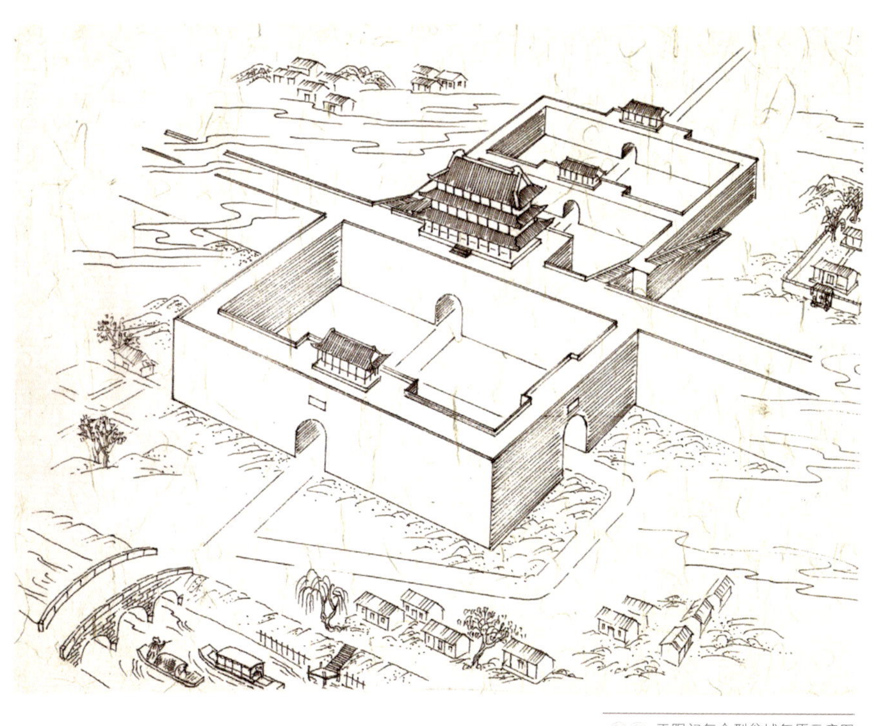

正阳门复合型瓮城复原示意图

南。取名“正阳”，是因为朱元璋的大明王朝在“五行”中属“火”，主南方，故称“正阳”，是大明都城的正大门。因此，“孝陵大祀牲牢、国学二丁祭品，户部粮长勘合，俱由正阳正门入。”城门设内瓮城两座、外瓮城一座，均为长方形，有主城门与内、外瓮城城门共四道；内瓮城主城门与京城的城门呈直线而设，外瓮城城门开于瓮城正南，另设小城门，开于东侧墙体，皆为拱券城砖砌筑，无条石。

据《南京都察院志》载：“正阳门内卫宸居，府部拱侍于左右，外有天坛郊祀大典之故基，神乐、玄真二观，新任缙绅驻节之区，神机并及大营，练武官军操演之地，倒牌楼脱衣故址尚存。新河岸商家通贩正道，中河桥水势多衡，铜桥圩屯田。境域帑藏密迩，防范最所宜。云闽广要津诘察至称紧要，神大操练于外，虎豹道屯于肘腋，标兵防守于中，貔貅星列于心腹。当不时按临门禁，首为繁矩。”

通济门：位于南京城南，坐北朝南。城门内向西南，为商市区；向东北，为皇宫区。内瓮城呈“船形”，设有“瓮洞”若干，门垣共四道。三座

◎◎ 通济门及内瓮城鸟瞰图

内瓮城城门与主城门呈南北直线而设，皆为拱券砌筑。城门上建有闸楼和城楼，内瓮城上建有闸楼。通济门为京城13座城门中占地面积最广的一座城门。明代使用的武器军械、火器，均由通济、双桥二门出入。

据《南京都察院志》载："通济门内有鹫峰古刹，右有穿城水关，势当八达之冲，居多四民之业。神器进营，而起关仅及鸡鸣；商贾往来，而市廛如同蚁聚。欲保城、市无虞，须当诘察有法。"

聚宝门：为南唐都城至宋、元金陵城的"南门"，洪武初年，曾沿用过这座旧有的城门。洪武十九年（1386年），在原南门的旧址上重新建造。因门外有聚宝山（今雨花台），遂定名聚宝门；1928年夏，改称"中华门"，位于南京城南，坐北朝南。在南京13座城门中，聚宝门气势最为恢弘，但城门券道狭小，且有四道城门，"因乡间柴米牲畜由此入城，纷纷扰扰，不易通过"，故被市民称之"站圈"。

据《南京都察院志》载："聚宝门内多闹市，外多禅林，长干雄镇于一方，宝塔耸插于云外。天界寺率皆古迹，普德山人多登览。雨花巍然一台，士女春日无虚，但以乡宦贵族，车马辐辏于冲衢，出入遨游往来，尽乎

◎◎ 聚宝门内瓮城鸟瞰图

勋戚，虽为佳境，似非美俗。”据甘熙《白下琐言》称：聚宝门的石质门槛“高二尺许，长一二丈。色黝如铁。相传为活子午石”。这是外国使臣赴京的贡物，每日自子时至午时，石头会长一分；每日自午时至子时，石头会缩一分，故称作“活子午石”。由于数百年长期经人磨踏，“惜无证实其说者”。

三山门：为南唐都城至宋、元金陵城的“龙光门”，也称作水西门、下水门，位于南京城西，坐东向西。洪武初年，直接利用原旧有的城门改造而成。洪武十九年（1386 年）重新建造城门，主城门与内瓮城的 3 座城门呈东西直线而设，皆为拱券砌筑。城下南侧建有水关（即西水关）。该门形状与通济门内瓮城相似，规模、气势均略逊于正阳门、聚宝门、通济门，但超过其他诸门。

据《南京都察院志》载：“凡有表、诏、敕书，俱由本门接送。”“鲟鱼、荐新由江东、三山、石城三门入。其赴京荐新果品等项，俱由石城、三山二门出，运年各不同。”“三山门外有普惠禅林，来往缙绅停骖之域；左有河道、水关，捆载船只出入之区；水兑各场，民生国计之所。关瓦棺古寺，南晋战场之故址，东接白下而河水萦回，西控江东而天堑外峙。”

◎◎《康熙南巡图》中的旱西门

石城门:今汉西门(亦称旱西门),位于南京城西(民国时期开筑的汉中门稍南,现保存于汉中门市民广场),坐东向西。南唐时称"大西门",沿袭宋元,朱元璋下令改建西门后,因城门可遥望石头城,遂定名石城门。城门顶部长 37 米,宽 32 米(含雉堞厚度)。城门设内瓮城两座,主城门与瓮城门呈直线东西而设,均为拱券砌筑。洪武十八年(1385 年)改筑的聚宝门、三山门、石城门等门中,城门规模最小、城门名称变化最多的就是石城门。

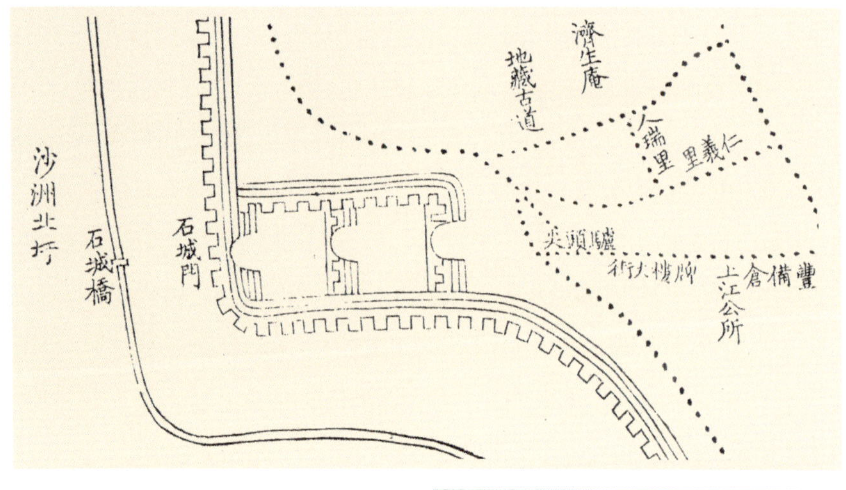

◎◎《同治上江两县志》中南京城墙与石城门内瓮城关系图

据《南京都察院志》载："石城门内有灵应观，而夕阳景色多奇；外有造拨厂，而晚唱鱼（渔）歌欸乃。乌龙潭潭水澄清，石门桥桥势坚固。河西一带通达之路途瓦场，而北楚馆之故址。贡舫停泊于河下，而云艘鳞湾；浙直兑粮于二场，而粟同山积。孙吴石头巍然，古称虎踞最胜。"

清凉门：位于南京城西，坐东向西，曾名清江门。洪武六年（1373 年）六月，置清凉门兵马司驻守。洪武十二年三月己丑，改清凉门为清江门，并沿用至明弘治年间（1488—1505 年）。明万历三年（1575 年），城门名再被复称为"清凉门"。

◎◎ 清凉门

据《南京都察院志》载："清凉门内接虎踞名关，外控龙江大路，罗汉城佛宇森然，蛤蟆庵泓水不涸。院有积薪而苇萑山积，挑贩日出其途；水接长淮而舟渡纵横，往来络绎不绝。且门枕山岗延亘绵远，僻静居先出入有时启闭，关防不愆时刻。"

定淮门：位于南京城西，坐东向西，建造于洪武初年，由于临近城内的马鞍山，故名马鞍门，城门外有龙江宝船厂。洪武七年（1374 年）正月，改为定淮门，并置千户所。主城门门券高 8 米，宽 6 米，深 25 米，城门外侧为一层石质拱券，其上为城砖拱券。

定淮门远眺

据《南京都察院志》载:“定淮门北邻吉祥寺古刹禅关,外临晏公庙福神之地。自鼓楼迤北越三冈而始达,其境内多仓廪。水接江河王家度(渡),设有巡兵。而狐鼠潜踪金家洲,泊有哨船而盗贼屏息。地虽偏僻而防范不疏,启闭依时而关防易饬。”

仪凤门:位于南京城北狮子山与绣球山之间,坐东向西,建于洪武初年。昔日卢龙山(即狮子山)南麓山下,濒临长江,与钟阜门在不足一公里的地段项背而建。洪武十七年(1384年)三月,修筑仪凤门。1928年夏,改名兴中门。

据《南京都察院志》载:“仪凤门内有庐龙观(今“卢龙观”)无梁殿,颇称雄奇古迹;外有静海寺天妃宫,实为名刹洞天。狮子、绣球二山南北互列,峙鸾凤而走蛟龙。龙江抽分一关,水利天然浸乾坤,而浴日月至静海寺中。左隅突出怪石奇拱,上有数峰排列,下有石洞穿心。顶上新增一阁名曰灵石阁,脚下旧有一亭名曰三宿岩,收尽万顷汪洋,真称山川秀气。但外无重廓(郭),而咫尺江皋、十里洲滩为保障。内多仓廪,而军单弱,全凭当事加提防。”

钟阜门:位于南京城北,坐西向东,与仪凤门项背而建。洪武初年称“东门”,洪武十一年(1378年)十二月丁巳改为钟阜门,取其因遥对钟山(亦称“钟阜”)之意而得名。

据《南京都察院志》载:“钟阜门侧有留守中仓,乃国计之所关。外有回龙小桥,系文庙之古迹。势当二门之交,行迹似为多设。创自圣祖制度,坐井难以观天。但僻处一隅,车轮马足罕至其地,军伍间或偷惰、日看夜多有疏时,欲其宁谧无驰,须严暮夜之戒。”

金川门:位于南京城北,坐南向北。因金川河由此出城,故名。洪武四年(1371年)夏四月,置金川门千户所。燕王朱棣于1402年经龙潭进攻南京,由朱元璋第18个儿子谷庶人和李景隆等打开金川门,迎燕王军

◎◎ 仪凤门

队进入城内。昆山人龚翊从 18 岁起就当金川门守卒，燕军由金川门入城之际，他放声大哭，逃往外阜隐居。宣德年间（1436—1435 年），著名的清官周忱先后两次举荐他为学官，他都推辞不就，并称：“（龚）翊仕无害于义，恐负往日城门一恸耳。”之后，朱棣委派朱元璋第 16 个女儿宝庆公主的丈夫赵辉，充任金川门的“千户守”。

据《南京都察院志》载：“金川门内有大石桥，为广洋等仓之孔道；外有陆兵寨，系龙江备倭之首营，设有草场马匹蒭饷之仰给。外有盐仓，系职官折俸之所需。重城设险，雄兵足以御奸；居民稠密，市廛率多殷实，备称有法，守可无虞。”

神策门：位于南京城北，坐南朝北。洪武九年（1376 年）八月，置千户所驻守。天顺五年（1461 年）四月丁丑，新建南京神策门楼成。光绪十八年（1892 年）九月，仿淮安府城楼重建。清顺治十五年（1658 年），郑成功北伐金陵败绩于神策门下，清廷遂改其名为“得胜门”。1928 年夏，改名为和平门。

据《南京都察院志》载：“神策门外控坡山，出入率乡野之愚民。接柳巷路迳，皆僻静之基址。白土岗下望长江，鬼神坛春秋祭享湖光一泒，内贮一统图书。台城凌云楼连鸡鸣禅院，登凭虚古阁，而国学、宫墙一览无余；登宝志浮图，而山色湖光斐然在目。”

神策门

太平门：位于南京城北，坐南向北。该门位于南京钟山的西南麓，是扼守钟山通向城内最近便的通道，为兵家必争之地。又因城门外为三法司“天牢”位置所在，故名“太平”。洪武四年（1371 年）夏四月，置太平门千户所。洪武六年“设太平门城濠，增造军营”。明代“鲥鱼、荐新由观音、太平二门入。”

据《南京都察院志》载：“太平门内有龙广、覆舟二山。龙广巡山千、百户二员；覆舟巡山委官千户一员，带领军余八名巡缉。俱本门守把军余数内轮派。”“太平门内有各院执法之台。外临贯城谳狱之境，玄武湖册室贮天府之图籍，神烈山形胜表金陵之龙蟠，龙广乃陵寝之余脉，覆舟系鸡鸣流沙。司法森列于重地，四境宴然，山湖依险于要关一方保障。”

朝阳门：今“中山门”门址所在，位于南京城东，城门坐西向东，因内傍皇宫且朝东，故称“朝阳”。明代每年神宫监进贡苗姜、时样果、香脂均从此门入。

据《南京都察院志》载：“朝阳门密迩禁城，切邻陵寝。奉先殿上膳蔬菜五鼓入门，每日启关最早。外当龙潭大道，系江洋出没之区。寺有灵谷禅关乃士大夫游玩之境。据其幽僻似若简易于他门，实为要冲，首

朝阳门

当预防于未雨。”太平天国时期，太平军曾与清军在城门附近多次发生激战。同治四年（1865 年），于主城门外增建瓮城。外瓮城呈半椭圆形，与朝阳门的城门偏北斜设，城门皆为拱券砌筑。1928 年夏，改名为中山门。

南京城墙上设有城铺，供军事防守之用，为守城者值更、放置守城器械的临时场所。据《南京都察院志》记载，城铺总计 231 座，另据《明史》记载设有窝铺 200 座，目前一般采用《明史》的说法。

设于城垣墙顶外侧小墙上的垛口（亦称“雉堞”），是用于守城作战、瞭望的掩体。据《明史》记载：明代南京城墙上的垛口共有 13616 座。另据《南京都察院志》记载，垛口为 13809 座。如今，一般使用《明史》的说法。墙顶内侧筑有矮墙，不设垛口，墙高约一米，称之为“女儿墙”，亦称宇墙、逆墙、女墙等。

观音门券

四、外郭，又称外城、郭垣，为明代南京四重城垣由里向外的第四道。1390 年 4 月 22 日，在南京的京城城墙外围建造外郭，“都城既建，环以外郭，西北据山带江，东南则阻山控野”。外郭的建造是对南京原有三重城垣的补充和完善，是朱元璋城池战略防御思想以及构建新型都城设想的体现，反映出当时国力增强、经济复苏的社会局面，对后世的都城营建产生了一定影响。

外郭范围大致从城西的江边向西南过江东门，至夹岗门转向东北，将南郊雨花台一线冈阜制高点圈入郭内，并延伸至外郭最东端，筑麒麟门，转向西北，将钟山、孝陵及其余脉和玄武湖等河道、湖泊全部囊括郭中；沿郭垣至最北端开观音门，并顺江岸转向西南，于京城金川门外筑外金川门，并将郭垣延伸至江边，把京城北面的幕府山等“高岗逼岸，未易登犯”的江防高地悉收郭内。传说朱元璋在早期城墙建成以后，曾带着他的几个孩子以及亲信大臣登上钟山，俯瞰规制奇特的南京城池和周边形势。几乎所有随从都发出了由衷的赞叹，惟独朱元璋的四儿子朱棣却说："钟山架大炮，炮炮击中紫禁城。"意思是说，南京的城池距钟山太近，不利防御。故而，朱元璋下令建造南京城池更大规模的外郭城，把包括钟山在内的南京周边一些制高点，全部囊括在外郭城内。

外郭全长号称180里，实际周长约60公里，在城门附近以及一些重要地段，使用城砖包筑部分的墙体，或使用条石作为地基，合计约20公里。因早期建造了16座，外郭的城门及名称，自明代以来就多有争议。广为流传的南京"里13，外18"的18座外郭城门记载，最早出现在明正统四年(1439年)九月己巳："命修南京驯象等十八门(及)外城为夏秋久雨所浸坏地段。"这18座实际存在、并得到朝廷认可和相关史料验证的城门，分别为：江东、大驯象、小驯象、大安德、小安德、凤台、双桥、夹岗、上坊、高桥、沧波、麒麟、仙鹤、姚方、观音、佛宁、上元、外金川。

笔者考查沧波门段城墙遗址

以明代南京都城城墙整体概念来说，明代南京城的范围应该以最大的外郭计算。而《中国筑城史》在比较世界古代十大名城面积时，将其他一些古代名城用外郭长度计算的结果，与南京内城城墙长度计算结果作比较，认为南京城的面积排在第六位。这显然犯了一个概念上的错误：仍以所谓排名第一的隋唐长安城来说，这座城池的外郭周

佛宁门城墙遗址

观音门

长 36.7 公里，面积为 84.10 平方公里；而南京内城城墙周长 33.676 公里，面积为 43 平方公里，排名其后（数据来源：《中国都城史》）。但是南京外郭周长达到 60 公里，面积约为 230 平方公里。显然，明代南京城墙号称世界古代十大名城面积之首当之无愧！而且，像明代南京城这种规模格局和设计思想，世界其他古代城市绝无仅有：有高山、有湖泊、有河流、有密集的居住点、甚至还有农田…… 傍长江以通东西、跨江有江浦城接应而通南北，陆路通衢四方，水路远达海洋（如明代航海家郑和曾以南京为基地，率船队七下西洋），可谓天造地设，非一般城池可以相比。

第二节 ◎ 城墙构造上的其他特点

南京城墙在砌筑技术、城砖烧制工艺等方面均有提高与突破，且在中国传统外瓮城基础上产生了创新性突破，出现了内瓮城，甚至复合型瓮城，并针对南京雨水丰沛、水系复杂的特点，特别设计了水关涵闸等水利设施，『系属首见』。

城池最本质的原生价值之一，在于具备冷兵器时代的军事防御功能。城墙最初由土垒夯筑、再经土石混筑、砖石砌筑其表，发展到明初南京城墙根据不同地段建城的需要采用不同材料、采取多种结构不断完善的过程，这与兵器（主要是攻城战具和火器）的发展有着密切的联系。

建成后的南京城墙从军事防御的角度看，在许多方面有了前所未有的突破。有些地段城墙高度达 20 余米，足以阻隔当时攻城战具的攀缘（一般仅能达到 10 米以下的高度）；在厚度、基础、建材等方面也有许多突破和改进，可以抵御当时尚处在发展中的火器；在针对不同地段采取不同的城墙结构的砌筑技术上，也达到了中国古代筑城史上较高的水平；对防御薄弱的

南京城墙包山墙的砖墙与条石墙结合部

城门，一改传统的外瓮城制式，将瓮城设置在主城门内，且有些城门设置了多重内瓮城，无论式样、气势以及防御功能，都超过了南京甚至全国其他一些明代以前传统式样的瓮城。

墙体

在城墙结构的砌筑技术上，南京城墙由于大规模采用砖、石构造，其竖立性远远强于传统的泥土夯筑。因此，在筑造城墙时配合使用石灰混合浆，就有条件将墙体增高、加厚，使之更加坚固。南京第三重城墙高度一般在12—24米之间，城墙宽度悬殊很大，城基宽度一般在6—20米之间，城上宽度一般在2—14米之间。单块城砖重量一般达20公斤，墙基的承受力相当可观，但南京城墙历经600年沧桑而巍然屹立，地基无疑起了很大的作用。

南京城墙的墙基大体可分为三种类型：一、以山体岩石直接作为墙基：利用城区周边冈丘，削其外侧，直接利用裸露或未裸露的山体岩石作为墙基；二、针对一些地势低洼、土质松软的地段，采用木排等转嫁力点，修筑墙基；三、临近河道沿湖地段采用深筑墙基，将重达数吨大条石深砌于地下5—12米以下，作为墙基。为了确保城墙墙体的稳定和坚固，地基上整个墙体的横断面采用传统收缝技术，使之呈陡峭的梯形。墙体内、外壁用城砖或条石砌筑，墙壁内侧以城砖或块石夹土夯填并呈犬牙状接榫相交，在增加相互间拉力的同时，又可以从上到下均匀分散力点，增大地表面承压面积，防止沉重的墙体下沉，使外部整齐美观。

值得注意的是，在中国筑城传统的基础上，明初南京城墙的营造既有创新也有摒弃。诸如弩台、马面和角楼等古代筑城的常规建筑设施就没有运用在南京城墙上，这是有别于中国其他城池的地方。“马面”，又称“行城”、“敌台”，是按一定距离在城墙外侧建造的“凸”形墩台，其平面有长方形和半圆形等，因在城下望之狭长如马的面孔，故称“马面”。在三国时魏明帝所筑的金墉城（西晋、北魏加以利用作为军事堡垒），城垣就有长方形的马面设施，此后逐渐完善并形成规制。马面的宽度一般为12—20米，可设“战棚”；平面凸出城垣外表面8—20米，由于古代弓箭射程一般为70米，故两座马面的间距通常为150米左右，以互相策应，“瞰制城脚”，使城下之敌三面受攻。这种古代城垣防御战中十分有效的设施，却被朱元璋在筑南京城时弃之不用，不知究竟出于何种动机和缘由。

烧制工艺

南京城砖的质量与明初制砖工艺技术有很大的关系。以明代行省划分，南京城墙城砖产地大致为直隶、湖广行省、江西行省三地所属部分府、州、县，大致包括今江苏、安徽、江西、湖北、湖南等五个省份，而明初窑匠的数量最多也就几万人。在如此广袤地区并有百万民众参与设窑造砖和烧制，城砖的质量如何实现标准化，确非易事，这是长期以来被人们忽略的一个问题。

从20世纪90年代开始，南京市明城垣史博物馆着力开展了明南京城墙城砖窑址的野外调查工作。在对安徽省繁昌县、湖北省武汉市江夏区、江西省抚州市临川区、江西省宜春市、江苏省南京市栖霞区、湖南省岳阳市等地十余次的调查中，发现了一些带有规律性的特征：窑址体量不大；临近通往长江河道的坡岸、窑壁利用坡体开挖；窑内设有三条向上的等距烟道；窑址或附近可以找到带有南京城墙砖文的城砖；当地流传有关南京城墙和朱元璋等故事甚多。尤其在2007年，笔者先后对江西宜春市所属万载县和袁州区彬江镇以及新余市所属分宜县分宜镇等地进行了实地考察，在彬江镇及分宜镇两地首次发现了较大规模的明代砖窑遗址群。此次野外调查不仅获取了大量的实物和地方口碑资料，所发现的砖窑群数量之集中、保存状况之相对完好、砖窑群规模之大，堪称南京城墙砖窑调查中成果最大的一次野外实地勘察。更重要的是，它使人联想到了明朝著名科学家宋应星以及他的《天工开物》。

宋应星，字长庚，生于万历十五年（1587 年），江西奉新县北乡（今宋埠乡）人。公元 1631 年，宋应星五次进京会试失败后，终于下决心放弃科举，转向实学，钻研与国计民生有切实关系的科学技术，开始了他一生中的重要转折。崇祯八年（1635 年），宋应星到分宜县任县学教谕（相当于不坐班的教师）。在分宜县任教四年中，宋应星利用业余时间写书。因为在会试途中，他曾行程数万里，做了广泛的社会调查，对南北各地的农业和手工业生产进行了大量详细的科学考察，收集了丰富的资料。这是宋应星一生中最重要的阶段，他的主要著作之一——《天工开物》就是在此期间撰写的。

◎◎《天工开物》所绘制的制砖及烧砖工艺示意图

《天工开物》不仅记载了制砖和烧造的工艺，还绘制了相应的工艺图，这对揭示明初制砖工艺技术具有极其重要的参考价值。《天工开物》载：

“凡埏泥造砖，亦掘地验辨土色，或蓝、或白、或红、或黄。皆以黏而不散，粉而不沙者为上。汲水滋土，人逐数牛错趾，踏成稠泥，然后填满木匡之中，铁线弓戛平其面，而成坯形。

◎◎《天工开物》所绘制的制砖及烧砖工艺示意图

“凡砖成坯之后，装入窑中，所装百钧（注：一钧等于 300 斤；一块城砖 40 斤）则火力一昼夜，二百钧则倍时而足。

“凡柴薪窑巅上偏侧凿三孔以出烟，火足止薪之候，泥固塞其孔，然后使水转泑。凡火候少一两，则泑色不光。少三两，则名‘嫩火砖’，本色杂现，他日经霜冒雪，则立成解散，仍还土质。火候多一两，则砖面有裂纹。多三两，则砖形缩小拆裂，屈曲不伸，击之如碎铁然，不适于用。

“凡观火候从窑门透视内壁，土受火精，形神摇荡，若金银熔化之极然，陶长（即‘窑匠’）辨之。

“凡转泑之法，窑巅作一平田样，四围稍弦起，灌水其上。砖瓦百钧，用水四十石。水神透入土膜之下，与火意相感而成。水火既济，其质千秋矣。”

当然，宋应星撰写《天工开物》与南京城墙砖烧制年代相距二百余年，不可能完全针对南京城墙砖的烧制实情所记，甚至所记载的“用薪者出火成青黑色，用煤者出火成白色”，与笔者在诸多现场调查中的发现也不一样。调查表明，不同的砖色与土质（如黄泥与高岭土）有关，并非是“薪”或“煤”。再如每一窑装“百钧”砖，折算明南京城砖 750 块，而笔者所见的明初砖窑遗址，均小于这个规模，大者也仅可装城砖百余块而已。《天工开物》所记载的制砖主要工艺则与近年现场调查完全吻合。

据《大明会典》载:“每中窑一座,装到大小不等砖瓦二千二百个。计工八十八,用五尺围芦柴八十八束。”另据《明实录》载:“秸草一束,重十二斤,每束可烧城砖三块。”

瓮城

中国传统瓮城一般设置在主城门外面,而南京城墙的瓮城不仅有外瓮城,还有内瓮城,甚至出现了主城门内外均设瓮城的复合型瓮城。这是在中国传统外瓮城基础上的创新,也是南京城墙的一大特点。

瓮城,古称“闉”,又称月城、曲城,是古代城池中依附于城门外的附属建筑,也是中国古代冷兵器时代长期战争实践中成熟的建筑设施。瓮城多数为半圆形,少数呈矩形、方形等。由于从形状上看似古代生活器皿中的“瓮”,故称之瓮城;也有从功能上认为敌人即便攻入瓮城,守城者可将瓮城城门和主城城门关闭,造成“瓮中捉鳖”之势,故称“瓮城”。宋仁宗时曾公亮等编撰的《武经总要·守城》对这种瓮城制式做了翔实的记载:“其城外瓮城,或圆或方,视地形为之。高厚与城等,惟偏开一门,左右各随其便。”

从目前掌握的资料看,最早从理论上提出“内瓮城”构想的人是南宋初年的陈规(1072—1141年)。他在《守城机要》中,从理论上否定了外瓮城这种传统的建筑形式,提出了设置内瓮城的构想:“城门旧制,门外筑瓮城,瓮城上皆敌楼,费用极多。以御寻常盗贼,则可以遮隔箭凿;若遇敌人大炮,则不可用。须是除去瓮城,止于城门前离城五丈以来,横筑护门墙,使外不得见城门闭启,不敢轻视,万一敌人奔冲,则城上以炮石向下临之。更于城门里两边各离城二丈,筑墙丈五六十步,使外人乍入,不知城门所在,不可窥测;纵使奔突入城,亦是自投陷阱。故城门不可依旧制也。”在这段论述中,陈规视外瓮城为旧制,从城池防御的角度提出了城门内需建“墙”,使入城之敌“不知城门所在”,应该说是有了“内瓮城”最初的构想。陈规还进一步提出:“更于大城里开筑深阔里壕,上又筑月城,即是两壕三城。”这就可以明了陈规所说的“墙”的后面,还有里壕上筑的月城(即瓮城),这与“内瓮城”的建筑形制,只是提法上的差异了。

南宋及元两代为什么没筑内瓮城,仍然沿袭旧制?而朱元璋及南京城垣设计者们却打破常规，在都城城门设置了内瓮城，有多方面的原因。其中不容忽略的一个事实是：中国古代兵器虽然在宋代出现了弩、炮的发展和火药兵器，但相对还处在冷兵器与火兵器互融的阶段，直到元末明初才开始出现了威力较强的火兵器，对城垣，特别是对城门构成了极大的威胁。这种新情况的出现，无疑对城垣建造者们提出了新的要求。当年陈规针对“大炮”而提出建造“内瓮城”设想的直接意义，在元末明初出现改进后的火兵器之后，得到了重新认识。另一个情况是宋代南京外瓮城已经出现了两重瓮的样式，并沿袭到元末明初，很可能被当时筑城人所借鉴，在创造出内瓮城的同时，又发展出内外兼备的复合式瓮城，用于南京城的“国门”—— 正阳门。由于内瓮城设置在城门的里边，就有条件设置藏兵洞，将城门守御这一明显的薄弱部位，变成防御作战中的强点，这是外瓮城所无法做到的。京城城墙在城门内设置瓮城，除了正阳门外，还有聚宝门、清凉门、石城门、三山门、通济门等。其中呈“船形”的通济门和三山门的内瓮城，在增强城门防御能力的同时，又融入了强烈的艺术性和思想性，反映了当时人的审美情趣和某种愿望。

水关涵闸

南京城墙设置的水关涵闸等水利设施，是针对南京地区雨水丰沛、水系复杂的特点而特别设计的，是南京城墙构造特色之一。为解决南京城内水系的进出水与城垣之间的矛盾，保障城内居民用水和控制城内河道的水位，避免旱涝灾害而设置了水关、涵闸。在一些地段根据水量的大小，分别设置水关和涵洞，内设涵闸。涵闸，明代称之“铜宝”，因所用材质为铜铸故名。南京四重城垣均有此设置。其中可通船只的大型水关，因建筑相对比较复杂，目前仅知在京城城垣设有两座。

宫城所设涵闸数量、位置不详。据马生龙《凤凰台记事》云：朱元璋“筑京城，…… 以为不测屯守之计，宫中阴沟，直通土城之外，高丈二，阔八尺，足行一人一马，以备临祸潜出，可谓深思远虑矣”。意思是说，朱元璋在南京建造（或改建）皇宫时特设了“暗道”。皇城所设涵闸总数不明。目前仅知东长安门、西长安门附近各设有水关一座。

京城设置的水关、涵洞设计精巧、合理，反映了明初精湛的筑城工艺

◎◎ 东水关今昔

和周密的平、战结合的城市水利运用思想。据不完全统计，在京城初建时期，就有计划地预建进水水关、涵洞6座；出水水关、涵洞16座，其中以东水关、西水关、武庙闸最具规模。

东水关，亦称通济门水关闸、上水关，俗称东关头，为内秦淮河入城处。它位于通济门南侧，设有大小33券洞，分3层，每层11个洞。上面两层22个洞（亦称"瓮洞"、"藏兵洞"）向城外一侧封堵，以增加水关的防御机动能力；下面一层11洞进水。进水的11个洞，每个涵洞设有3道门：前后两道为防止敌人潜水进城的栅栏门，中间一道是可以用绞关闭合的水位控制闸门。11个进水涵洞中"有9个装有固定铁栅"，涵洞拱高3米，洞长30米。11个涵洞的中间一洞稍大，以通舟楫，以活动式铁栅替代固定式铁栅，水关的设计非常科学、实用。明晚期时，内、外有直房6间，绞关、闸板俱全，设有弓兵4人看守，不在通济门禁之内。

西水关，亦称三山门水关闸、下水关，俗称西关头，为内秦淮河出城处。位于三山门南侧，结构与东水关相同。设有大小33券洞，分3层，每层11个洞。下层中间涵洞较大，高5.5米，宽9米，亦通水、船兼用。

武庙闸

武庙闸，亦称“台城水关”、“通心沟水坝”，为玄武湖主要泄水入城水道，也是城内珍珠河的主要源头。原有两个进水水闸，可单独或同时启动，这是调节城内珍珠河水位的重要设施。闸前有矩形深井，宽3.1米，长7米。在深井下方安装了两套双合铜水闸，均呈方形，每套闸重约5.5吨，边长1.30米、厚0.25米，呈上下阴阳状。两处闸口都安装了绞刀，刀随水流的作用运转，用以切碎随湖水而来的湖草，防止闸口被堵塞。在临近城墙的地方，设有铜管引水入城，长度为103.11米。对京城所设众多涵闸，因直接牵涉到城内的水系，自明以来历代屡有修理，有的至今还在使用。这种涵闸设施，据中国水利专家称：“如此形制系属首见。”

铜水闸

外郭在洪武年间所设的涵闸数量与位置，史料中没有详细记载。但参考后来的有关文献，可能在郭垣与河道交会的地段设有过水涵洞，或者大小不一的水关。如外郭沧波门、安德门等处均设有“水洞”、“小水关”。

城墙影响与故事

◎第七章

明都南京城自建成以后，朱元璋出于彰显大明国都的气势和国威的需要，于洪武二十九年（1396 年）绘制并刊行了《洪武京城图志》。时任吏部尚书的杜泽惟恐别人看了不明白，为此撰写了一篇序，序中称："皇上（指朱元璋）…… 建泰山不拔之基，为万世无穷之计，详内略外，经营邑都。其龙蟠虎踞之势，长江护卫之雄，群山拱翼之严，此天地之所造设也。"杜泽对南京城的描述与后人对南京城墙的赞誉"人尽其谋，地尽其利，天造地设"有异曲同工之意。杜泽的评价，也可以算是文化人对南京城墙最早的恭维。

明都南京城自建成以后，中外人士均有极高的评价，在南京市民中也流传了许多关于城墙的故事，尤其近年来随着社会各界对南京城墙的重视，学术界相继发表了一批研究成果，所有这些都构成了南京城墙文化的重要组成部分，反映了城墙文化向外辐射的张力。这种文化张力存在于许多方面，有政治制度方面，也有市井民俗方面；有的在于城墙本身，也有的是后人的拓展和依附 …… 这是南京城墙的魅力所在，更是中国城墙文化深厚根基的一种体现。

第一节 ◎ 南京城墙的影响

从都城制度上，明代南京都城对明、清两代都城都产生了深远的影响；从墙体构造上，就连明代修葺的万里长城也采用了城砖替代土筑城垣的做法。南京城墙的营建，开创了大规模砖石筑造城垣的先河，对城市的发展也产生了重大影响。

明代南京城墙所产生的影响，表现在各个方面。

从都城制度上，南京城墙开始曾影响过明中都（即安徽凤阳），后来又对北京城产生了直接的影响。明初先后有四座城池被确定为都城的所在，即南京、大梁（河南开封）、临濠（安徽凤阳）、北京。其中南京建都最早，并且已经初具规模；开封因“民生凋敝，水陆转运艰辛，恐劳民之至甚”（朱元璋所著《中都告祭天地祝文》），并没有营建；凤阳先后营建实际不到六年就被废弃了；北京城直到永乐年间才按明都城规制建造。因此，元末明初在南京“既立宗社，建宫室，定朝市”，初步建成以南京京城城墙为界址的都城格局，对临濠和北京的营建具有一定的影响。单士元在《明中都 · 序》中称：“其实南京宫殿

明故宫午门遗址须弥座

在洪武八年扩建时，大体循临濠之制，只是地理环境不尽同于临濠。”这种观点虽然有一定道理，但是并不尽然。洪武二年（1369 年）九月，朱元璋“始命有司建置城池（即临濠中都），宫阙如京师（即南京）之制焉”，在临濠皇城、宫城城墙各开的四座城门，完全照搬了南京的宫阙制度，即宫城为午门、西华门、东华门、玄武门；皇城为承天门、西安门、东安门、北安门。略有差异的是皇城南边：南京皇城呈倒“凸”形，而临濠皇城呈竖的长方形；皇城南边，南京在承天门之南还有一座洪武门，洪武门正南对着京城的正阳门，而临濠仅有一座承天门（没有第二道皇城城门），承天门正对的是京城的洪武门。再如：南京宫殿在洪武八年扩建后，很多柱础、石雕并没有像“临濠之制”那样“雕饰奇巧”，基本遵

明故宫西安门遗址须弥座

循的还是“简朴”风格，这种简朴的风格后来也影响到北京都城的营建。

明代南京四圈城墙中，皇城与宫城在布局上总结了前代的经验，做了划时代的改变，也直接影响了北京城：首先，宫城的东、西华门和两门之间的横街，从宫城的中部移向南部，放在前朝的南边，东、西两边配文华、武英两殿，封闭了后宫，加强了中轴的对称感；其次，《周礼 · 考工记》中“左祖右社”的理论和模式更加明确，太庙与社稷坛置于午门外皇城内两侧，突出了它的地位；最后，皇城承天门至洪武门之间设千步廊，两侧布置中央官署，左为宗人府、吏部、户部、兵部、工部、翰林院、詹事府、太医院、东兵马司，右为五军都督府、太常寺、礼仪司、通政司、锦衣卫、旗手卫、钦天监。只有三法司（刑部、都察院和大理寺）远离宫城，偏处太平门外的“贯城”。对北京城以及中国古代城池研究颇有建树的著名考古专家徐苹芳先生就指出：“这种布局直接影响到北京，北京的宫城、皇城的布局是照搬南京的，这一点十分重要，……给北京故宫找到了祖型和蓝本。”

明嘉靖三十二年（1553 年）仿南京城之制增建北京外郭，起因也是为了仿南京城四重城墙的“祖制”，本想把内城四面合围起来，但是由于财力不足，仅建内城以南的一部分，据《顺天府志 · 京师志一 · 明故城考》记载：“俟财力裕时，再因地计度，以成四面之制。”据台湾学者谢敏聪在《北京的城垣与宫阙之再研究》中称：清代的北京城“完全袭用明代的体制，未有改变，城

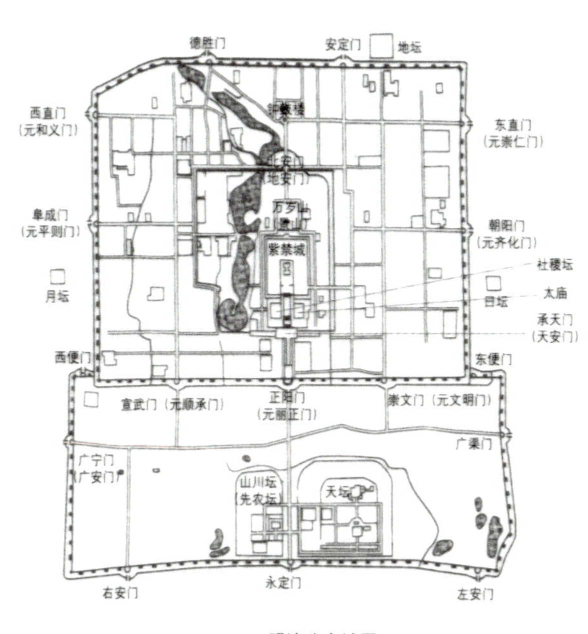

明清北京城图

明清北京城图

垣建筑和明代一样……经清廷大力修整和扩建，宫殿、坛庙、园囿（三海），因此更为宏伟精细，豪华绚丽”。可以说，明代南京都城对明、清两代的都城产生了深远的影响。

从城墙墙体构造上，明代南京城墙不仅对明清全国（特别是北方）城墙在采用城砖砌筑中有很大的影响，就连明代修葺的万里长城也采用了城砖替代土筑城垣的旧规。明代的北京城初建于洪武元年（1368年），“创包砖甓”，外层包砌砖石。其实，元末朱元璋在南京所筑“新城”中就已经使用这种砌造技术。因此，洪武元年的北京城“包砖甓”，并非“创”，而是沿袭了南京城墙的筑城经验。北京城墙由于“内惟土筑，遇雨辄颓”，正统十年（1445年）六月，朝廷下令“督工甓之”内城，这样北京城墙的内外两面也与南京城墙一样了。

南京城墙的营建，开创了明代大规模筑造城垣的先河。全国范围的其他很多城垣，或改建、扩建，或新建，形成了中国古代筑城史上的又一个高潮。南京城墙之所以能形成如此大的影响，有两个重要的因素：其一，我国火兵器的发展已经日趋成熟，城市赖以抵御进攻的设施——城墙，必须要适应这种变化；其二，在建造城墙的主要建材以及建造技术等方面，由于明初建造南京城墙，提高并推广了各地造砖业的水平和修筑城垣技术的。洪武十九年（1386年），“倭寇上海，帝患之”，朱元璋委派汤和前往设防筑城“五十有九”，由于所筑城池要求很高，数量不少，故百姓多有怨言。汤和说：要实现远大理想的人就不怕身边人抱怨，成大事的人就不必谨小慎微，如果再有反对者，就吃我的剑（原文：“成远算者不恤近怨，任大事者不顾细谨，复有讟者，齿吾剑。”）结果，当年受建造南京城墙影响而建造的东南沿海59座城池，在“嘉靖间，东南苦倭患，（汤）和所筑沿海城戍，皆坚致，久且不圮，浙人赖以自保，多歌思之”。洪武四年建造的西安城，在原来全部土筑的基础上，仿照南京城墙开始烧造大城砖砌筑于城墙的外壁。这类情况在其他一些城池中也多有仿照。明代这种大规模采用城砖砌筑城垣的做法，极大地提高了我国古代自秦以来实心砖的烧制技术。因此，明初为南京城墙烧制城砖的技术表明我国古代烧砖技术达到了最高水平。但是，这给全国的百姓也增加了沉重的负担。

南京明城墙对城市的发展也产生了重大影响。1927 年国民政府定都南京后，由美国著名城市规划师墨菲（Henry Killam Murphy）主持编制的《首都计划》中，南京城墙也受到高度重视：南京周边风景极佳，“……其界内中部，筑有城垣。近代战具日精，（南京）城垣已失防御之作用，利用之以为环城大道，实最适宜”。他还提出开筑两条城区林荫大道，其一沿秦淮河而筑；其二“沿城墙内边而建筑”，为环城大道的支线。而民国时期南京城内新开辟的主要干道（如中山大道等），均与南京城墙和城门有着密切的关系。如：因开辟贯穿城市的中山大道，在城西北破墙开辟了挹江门，在城东把明代朝阳门的单孔券门改建为三孔复式券门，并改名为中山门；因建汉中路在城西汉西门北侧开辟了汉中门；因建子午路（即中央路），在城北开辟了中央门等。这些新辟的城门，因与城中干道相连，遂成为南京城市新的交通咽喉和象征。

第二节 ◎ 砖文故事

明代南京城墙砖文的价值，
除了可提供城砖烧造产地信息之外，
还蕴涵着丰富的历史文化信息，
是一座『活』的明初资料库，
这为世界城垣建造史上所独有。

砖文是明代南京城墙的一大特点。它是我国现存规模最大的一组砖文群，在中国古代砖文史上占有重要的一席之地。明代南京城墙砖文的价值，除了可提供城砖烧造产地信息之外，还蕴涵着丰富的历史文化信息，大都不见诸于典籍，如：洪武年间朝廷委派各地官吏为确保城砖烧造质量而施行的责任制、明初农村基层组织的变化过程、各地制砖工艺和制砖泥土样本、姓氏文化、汉字简化字、民间书法和篆刻艺术等多元文化信息，在这些方面，城砖铭文可以弥补史料的遗缺。南京明城墙砖文，是一座“活”的明初资料库，这为世界城垣建造史上所独有。

如此高规格、大批量的城砖，在哪里烧造，又怎样运来南京？在当年朝廷留下的各类文献中，均不见记载，目前主要依赖于城砖上的砖文。目前发现以明代行省府、州、县的划分，城砖产地大致为：35个府，11个州，175个县。此外，还有外埠9个镇（巡检司）以及工部属下的官窑和兵部所属的军工窑烧制的城砖。通过砖文，可以对烧制城砖的产地有一个大致了解，从而弥补文献的遗缺。

南京城墙营建中主要经历了“均工夫”和“里甲”两种夫役制。洪武元年（1368年）颁行的“均工夫”是明代最早的役法。在大规模实行“均工夫”役制中，许多地方征派人夫，则以“总甲、甲首、小甲”的组织形式进行，为洪武十四年（1381年）朝廷向全国推行的“里甲制”奠定了基础。这种“总甲、甲首、小甲”征派人夫的组织形式，虽未见诸文献记载，但在南京城墙砖文中均得到实物的宝贵例证，对了解里甲制度的酝酿过程有着非常重要的价值。

《太祖实录》仅记载了洪武三年（1370年）、洪武八年（1375年）两次大范围征派“均工夫役”，地区也仅限于南直隶和江西两个区域。但是，通过对南京城墙砖文的实物考证，可以了解到当年提供城砖的产地，还有未见文献记载的隶属湖广的许多府、州、县。这些带铭文的城砖无疑弥补了史料的遗缺。

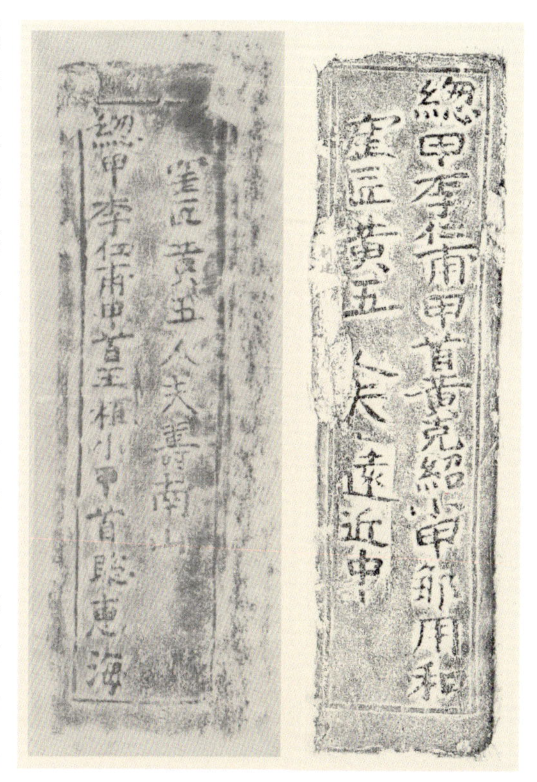

◎◎ 人夫名“寿南山”、“远近中”砖文拓片

南京城墙砖文中出现的姓氏不可胜数，其中出现烧制城砖的人夫使用含有吉祥寓意的别名，如“窑匠黄五 人夫福东海（寓意：福如东海）”、“窑匠黄五 人夫寿南山（寓意：寿比南山）”、“窑匠黄

五 人夫远近中”等，反映了中国姓氏文化在元末明初的重大转变。元代是少数民族一统天下，汉人百姓没有职务的一般不起名字，只用行辈和父母年龄合计数等数字作为称呼。如朱元璋原名叫“朱重八”，他的父亲叫“朱五四”，他的祖父叫“朱初一”，就是其中一例。到了明初汉人重掌天下，汉人百姓又可以取名字了，“人夫”姓名出现了极其纷杂的现象。如“窑匠黄五”，还保留了元代汉人百姓的名字，这类砖文在南京城墙上很容易找到。

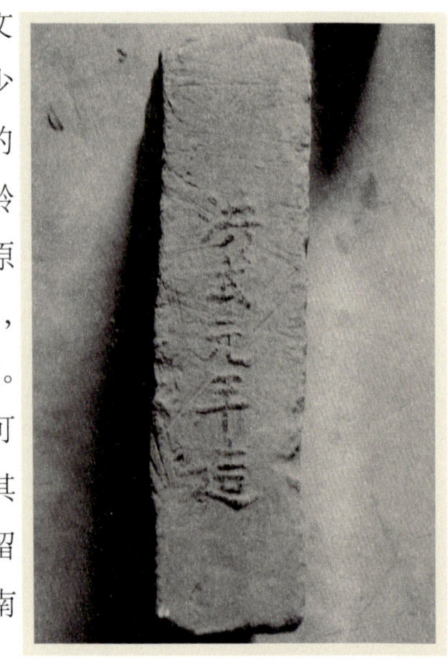

◎◎“洪武元年造”砖文拓片

在南京城墙砖文中的“洪武元年”纪年砖，除了具有纪年意义外，其中的“元”字，也很有价值。按中国封建朝代的习惯，新一代王朝对前一代王朝的年号是憎讳的。朱元璋率领的农民起义军推翻了元朝政权，憎讳“元”字十分正常。再说，朱元璋名字中有“元”字，这就更需要敬讳“元”字了。根据明初文字避讳制度，“元”字是以“宣”字替代。在南京中山门附近，我们也可以找到这块印有“洪武元年造”字样的明代纪年砖。这块城砖上的铭文，在明代算是犯了杀头大罪，不仅要追究制砖人的罪过，还要追究造砖单位官员的罪过。更何况这样的文字赫然出现在当时的都城城墙上，出现在紧挨皇宫不远的朝阳门附近。这只能说明在1368年大明王朝建立之始，明初文字避讳制度尚未形成或完善。

据扬州有关志书记载，明洪武二年（1369年），扬州府共领三州九县，其中通州领海门县、泰州领如皋县。当地历代志书记载烧砖史时，均称始于清代。而通过南京城砖铭文，可知明代洪武年间，通州海门县、泰州如皋县等今天的南通地区已经出现烧砖业，并且是官窑。这些砖文的发现，填补了南通烧制城砖史的空白，为志书“拾遗补缺”提供了可靠的资料。

20世纪50年代拆除南京城西草场门地段城墙时，民工曾不小心把一块刻有"宁国府宣城县"铭文的城砖摔断，从断砖处掉出个有核桃大小的古怪的"笑面人头"来！一些民工见之好奇而围观，有的说是"吉兆"，有的说是"凶兆"，不是什么好东西。最后，在施工现场巡查的文物干部闻讯后，将"小人头"与断砖征集并进行了拍照。风风雨雨过去多年，"小人头"究竟是怎么回事，仍然不得而知，原物已被妥善保存于南京市博物馆内。

关于烧制南京城砖的窑址，长期以来学术界无法确考其窑址产地。20世纪80年代以来，在许多地方先后发现明代官窑遗址，并出土一批城砖。在最后判定时，几乎全部是通过砖文对比相关文献的考证，从而得到了认证。如江西省万载县城康乐镇南门窑址，安徽省青阳县童埠乡常州村一带废弃的砖窑群，安徽省繁昌县新港、新淮两地及崔山乡董家村窑址，武汉市江夏区庙山西潭村窑址，江西省抚州市临川区云山镇汤周村附近窑址，江西省宜春地区发现的城砖，湖南省岳阳市新墙河岸边坡地窑址，南京栖霞区官窑村窑址等。烧制南京城墙城砖的窑址，在长江中下游各地不断被发现，这对深入了解和研究南京城墙的建造过程、明初征调人夫的各级组织和农村基层组织、城砖烧制赋役中的换工现象、烧制城砖的工艺、运输等诸多领域，都具有十分重要的价值，并且澄清了以往学术界对南京"城砖产地虽有不同，但是否集中在南京烧制"这一历史问题的困惑。

◎◎ 安徽省繁昌县明代城砖窑址

寺院庵观的僧、道在建元洪武时是免役的，不久也随南京城墙营造中"计田出夫"的赋役政策的实施而参役。曾为僧人

武汉市江夏区发现的明代城砖窑址

的明太祖朱元璋尽管与佛教有着难以割舍的情愫，但并没有因此赦免僧人参役。即便作为受皇家赏赐田地的京师大寺院，也要按计田出夫政策为建造南京城墙烧制城砖。如“天界寺”的砖文就提供了这方面的信息：“应天府提调官府丞王澄□令史□□”“上元县提调官县丞李健司吏方原□”“总甲方有余甲首天界寺小甲尹添俊 造砖人户尹添俊 天界寺 窑匠陈智全”。

天界寺，在元代称龙翔集庆寺，位于明南京会同桥之北。元至正十六年（1356 年）朱元璋进驻南京（即元集庆路，后更名应天府）曾会见觉原昙禅师，并听他说法，印象很深，称他为“福德僧”，对其颇为器重。第二年，朱元璋下令将龙翔集庆寺改为大天界寺，赏赐田地合计 105 顷。洪武元年（1368 年）正月，设立善世院，以临济宗大慧派僧觉原昙禅师统领释教之事，机构就设立在天界寺内。因此，天界寺也被称作“天界善世禅寺”。洪武初年，南京天界寺按“计田出夫”需应役 105 人，而每年并未

湖南省岳阳明代城砖窑址考古工地现场

能得到应收租粮，僧人因此苦不堪言，导致出现不满情绪。洪武十六年，天界寺住持行椿为此带领众僧前往皇宫觐见朱元璋，提出将其所赏赐的田地还给朝廷：“荷蒙圣恩，钦赏上元县丹阳乡靖安湖塾镇田地二十九顷有零、溧水县永宁乡相

天界寺

国圩田三十七顷有零、溧阳县永城等乡黄芦雁□西赵三圩田三十九顷有零，每顷一夫，常住盘费艰难，将田土献纳还官。”朱元璋闻知后，立即委派鸿胪寺序班李真等官员和驻京旗校官兵到各县地方一一丈量，将其范围进行测绘记录，并令“还与他天界善世禅寺岁收租米供众，免他夫差”。这条文献的重要性明白无误地表明：在明洪武初年因建造南京城墙等工役施行的计田出夫政策，在地方上基本得到了贯彻。由于洪武十七年“定军士筑城，毋得役民”，南京天界寺终止为南京烧制城砖的工役，比全国停止征派人夫服役政策的实施还早了一年。

“天界寺”砖文拓片

第三节 ◎ 传说故事

从明代以来，有关南京城墙的故事就在民间广为流传，有的关于沈万三、有的关于朱元璋；民间还有许多与城墙有关的神话传说、风俗习惯，更为城墙增添了神秘的魅力。

从明代以来，有关南京城墙的故事就在民间广为流传，有的录入文人笔记，还有的（如沈秀的故事）甚至被正史记载。这方面例证很多，影响最大的是沈秀（俗称“沈万三”）及其聚宝盆的故事，而且“版本”繁多。

据清初撰写的《明史·太祖孝慈高皇后》载：“吴兴富民沈秀者，助筑都城三分之一，又请犒军。帝怒曰‘匹夫犒天子军，乱民也，宜诛。’后谏曰‘妾闻法者，诛不法也，非以诛不详。民富敌国，民自不祥。不祥之民，天将灾之，陛下何诛焉。’乃释秀，戍云南。”文献说的是：明初江南首富沈秀，被朱元璋诏令助筑南京城墙三分之一。城墙建好了，沈万三听说朱元璋要犒劳筑城将士，于是自作聪明，想掏出家财，替朱元璋犒劳。

不料,朱元璋从另一个角度看待沈万三,说他是想收买人心,甚至要杀沈秀。皇后马娘娘为此说情后,朱元璋虽然免去沈万三一死,但还是把他发配去了云南充军。已故的明史专家黄云眉在《明史考证》中对《明史》的这段记载评论道:“沈万三筑都城,亦不足信,万三事十九皆虚构也。”笔者既赞同黄云眉先生的说法,又有另外一种看法。以南京城墙的规模和参考近年来城墙维修耗资来看,沈万三哪怕是富甲江南的首富(何况元末明初多年战乱),当年捐助筑都城三分之一也几乎没有可能做到;但是,笔者认为沈万三是一个“符号”,他代表了江南的一批富户。明初筑南京城,朱元璋将江南一批富户的钱财集中营造城南百姓居住的城墙——即“南斗的斗勺”部分——取富民之财,给天下百姓居住,按朱元璋的一贯逻辑则是有可能的。否则,就很难理解为什么在明代有那么多的文人记述这件事。

明人田艺蘅在《留青日札》载:朱元璋“又命(沈万三)分筑南京城自洪武门至水西门。……太祖尝犒军,万三欲代出犒银。上曰:‘朕有军百万,汝能遍济之乎?’万三曰:‘愿每一军犒金一两。’上曰:‘此虽汝好意,然朕不须汝也。’由是欲杀之。太后苦谏,以为彼富固可敌国,然未尝为不法事。上意乃释,得流云南”。

明人孔迩云的《蕉馆纪谈》载:沈万三与朱元璋筑城“同时举工,先完三日。太祖酌酒慰之曰:‘古有白衣天子,号曰素封,卿之谓矣!’然心实不悦也”。

明人诸葛元声在其《滇史》卷十中,对沈万三因筑城犒军而被朱元璋流放云南一事,也有详载:洪武十六年(1383年)“九月,吴兴明、沈万三亦预焉。……闻之沈万三财极富,上每欲因事杀之,皇后为解曰:‘彼富,未尝不法事,奈何杀之了。’因减死,流云南”。

明人谢肇淛在《五杂组》载:“金陵南门名曰聚宝,相传洪武初沈万三所筑也。沈之富甲于江南,太祖令筑东南诸城,西北者未就而沈工已竣矣,太祖屡欲杀之,人言其家有聚宝盆,故能致富,沈遂声言以盆埋城门下以镇王气,故以名门云。迤东有赛公桥,云沈造数桥,自以为能诩其子妇,妇恚。自出己财为之,其宏丽工致又倍于沈,故以赛公名也。”

◎◎ 赛公桥

明人周晖在《金陵琐事》中称："聚宝门（即中华门）头层城圈左边有一瓦塔，俗传太祖埋沈万三聚宝盆，因造瓦塔以镇之。"在建造聚宝门时，由于屡建屡塌，一时不知如何是好。刘基向朱元璋献计说：沈万三家中有一个聚宝盆，只要埋在城门下，城门就再也不会坍塌了。沈万三是浙江吴兴的大富豪，家中资产无数，仅他一人就认捐了三分之一的造城费用。听刘基这么一说，朱元璋便派人向沈万三借用聚宝盆，说明打五更的时候就归还。聚宝盆"借"来后，埋在聚宝门第一道城圈内的东边城下，又建了座小塔，后来城门果然建好了，人们便称这座城门叫聚宝门。为了永远不归还聚宝盆，朱元璋下令南京城永远不得打五更，违者杀头。从此，南京就再也没有打过五更。另据陈乃勋在《新京备乘》载："聚宝门，……明初富民沈万三家有古盆，贮以金宝，取之无尽藏，相传为聚宝盆。后因南门城垣倾圮，屡修不举，太祖借此盆为城脚以镇之。始曰五更即还，故一名聚宝门。而俗遂传有南京不打五更之说，官厅照壁后有砖塔，上覆以小亭，相传为瘗聚宝盆处。又一说，南京地方，以城南极繁盛，所有柴米，均趸聚南门外交易，故有聚宝之名，是否待考。"

关于沈万三的传说，既广且神。但是，这些传说却在民俗的层面上，反映出民众赋予南京明代城墙丰富的文化内涵和某种潜意识。如在马生龙《凤凰台记事》中记载了南京城墙坚固的奥秘和朱元璋的严酷:朱元璋“筑京城,用石灰秫粥锢其外,上时出阅视,监掌者以丈尺分治,上任意指一处击视,皆纯白色,或稍杂泥壤,即筑筑者于垣中,斯金汤之固也”。说朱元璋亲临现场监工,检查中如发现“稍杂泥壤”,就将建造这段城墙的人砌筑在城墙里边,所以南京城墙才会固若金汤。

正月十六日登城墙是南京风俗之一,又称“走百病”、“踏太平”。据张志瀛《踏春赘语》中称:“金陵风俗,以正月十六日登城游览,谓之祓除不祥,相沿已久,莫知其所自始。即询之父老,亦属费解。”早先仅局限在石城、三山、聚宝、通济四门之上,这天城墙上“锣鼓爆竹之声相续,道旁有煮豆作红色、焙蜀黍成花,缀棘刺上,以肖梅枝,或吹饴作榴实,柿子缀之,游人必售(购)一枝而归”。到了20世纪初,此俗仍盛极一时。据说朱元璋建造南京城墙后,由于它属于军事设防要地,一般不允许百姓随意登城。南京的百姓很有意见,说城墙是我们造的,造好的城墙却连上去看看都不允许,太过分了。朱元璋得知后,遂下令每年的正月十六日这天,允许百姓登城,以示皇恩。

日本学者新宫 学等考察外郭沧波门“三步五墩”

2003年8月23日,笔者随同早年居住在沧波门前街、已经72岁的王广学先生前往沧波门一带考察“三步五墩”。据王先生介绍及实地考察,沧波门的门券内侧,原有“沧波门”石额,门券外侧无字;沧波门的原址今被称作“门坡”,而沧波门前街被误称为“沧波门”。街的两端,原各建有牌坊,其中一座牌坊上书“紫气东来”,今已无存。沧波门前街呈中间高，两端低，故被俗称为鱼脊背；朝沧波门方向一端被俗称为“鱼头”，在“鱼头”与中间最高地段处的街道地面中间，置有圆形石墩五个，因相距极近，仅走三步便尽，故称“三步五墩”。据当地人称，这五个墩子，象征鱼叉，叉住兴风作浪的鱼精，是当年倍受水患之苦的街坊修筑沧波街之遗物，具有“镇街”的含义；另一说是修筑沧波门时的遗物，具有“镇门”的含义。这两种说法，鲜见记载，仅为当地口碑所传。在沧波门一带的民居及其他建筑上，仍可看到不少明代城砖及旧石料，据称均取自当年的沧波门券及外郭墙垣。

自1999年以来，笔者多次赴江西、安徽、湖南、湖北和江苏等地考察明初南京城墙砖窑遗址，在当地也收集到了大量关于营造南京城墙和烧造城砖、开山取石、进深山砍伐楠木或者运送建材的民间故事与传说。如果说物质的城墙仅在南京的话，而非物质的城墙文化则不仅仅流传在南京。

第四节 ◎ 中外名人眼中的南京城

从明以降，无数中外的文化名人记载并描绘过南京城墙，如顾起元、利玛窦、牟复礼等，他们纷纷对南京城墙大加赞叹。他们的评价也进一步扩大了城墙的影响。

明朝时期，人们就对南京城墙有了很到位的评价。谢肇淛（1567—1624 年）在《五杂组》中赞叹道："…… 至于长干一望，丛林相继，金碧照目，梵呗聒耳，即西湖（今杭州）之繁华、长安（今西安）之壮丽，未有以敌此也。"学识渊博的江宁（今南京）人顾起元（1565—1628 年），七次推官不任，在《客座赘语》中对家乡的城墙记述道：南京城墙"高坚甲于海内。…… 聚宝门左右皆巨石砌至顶，高数丈，吾行天下，未见有坚厚若此者也"。

当时，南京城墙也引起了外国来华使者的关注和赞叹，扩大了南京城在世界范围的影响。南京城墙体现了明代都城的气势，从整体上发挥了弘扬"国威"的作用。意大利传教士利玛窦（Matteo Ricci）用意大利文写的日记后经比利时耶稣会士金尼阁(Nicolas Trigault)整理翻译为拉丁文,出版于1615年,取名《基督教远征中国史》,汉译名为《利玛窦中国札记》。在这部著作中,利玛窦写道:"这座都城叫做南京……在中国人看来,论秀丽和雄壮,这座城市超过世上所有其他的城市;而且在这方面,确实或许很少有其他城市可以与它匹敌或胜过它。它真正到处都是殿、庙、塔、桥,欧洲简直没有能超过它们的类似建筑。在某些方面,它超过我们的欧洲城市。……它为三重城墙所环绕。……有些被认为是危险的地点,他们很科学地利用了天然防御。很难确定这城墙四周的全长。当地人讲了一个故事:两个人从城的相反方向骑马相对而行,花了一整天时间才遇到一起。"南京城墙"囊括了该城的大部分重要区域。……从数学上计算它的纬度,它几乎正在全国的中央"。"此城一度是全国的都城和几百年来古代帝王的驻跸地,尽管皇帝……已移位北方的北京,南京仍然没有失掉它的雄壮和名声。"万历二十八年(1600年),他在目睹北京之后又写道:"此一城市之规模,其房舍之布置计划、其公共建筑物之结构、以及其防御工事(作为城市防御工事当指的是城墙——笔者注)等,均远逊于南京。"美国学者牟复礼(Frederick W. Mote)在《明初南京城的变迁》一文最后结语中指出:"……考虑一下瑞席(即利玛窦——笔者注)的这项富有辨识力的比较吧!此项比较系在两个城市均已完成而且并非是南京的极盛时期之作。"

曾德昭(又名谢务禄,Alvaro Semedo)是耶稣会士,1613年到达中国南京,1636年返回欧洲,在旅途上完成了《大中国志》。在这部著作中,他向西方这样介绍南京城:"我认为它(即南京——笔者注)是全国最大最好的城市,优良的建筑,宽大的街道,风度优雅的百姓,及丰富优良的种种物品。它有令人惊羡的游乐场所;……城墙有12道门,用铁作闩,以炮防守;城外远处,有一道完整无损的墙,其四周(因我想知道它的长度)是马行两日的路程。内墙18英里。两墙之间有很多住户、园林及开耕的农田,收获可供大约40000城内戍军的粮食。"

1656年的春夏之交,荷兰访华使团管事约翰·尼霍夫(John E. Nyhoff)途经南京,慕名登上城南外面的大报恩寺塔游览,回国后撰文对

报恩寺上看城墙

该塔赞誉有加,称之为中国最著名的工程之一。在17—18世纪,南京的大报恩寺塔在欧洲名气确实很大。当时欧洲的许多出版物,大凡介绍中国景物必有该塔,以致其被称作"南京瓷塔"、"南京之表征"、"中国之大古董,永乐之大窑器",是中世纪世界七大奇迹之一。在这些铜版画中,有反映大报恩寺全貌的,有反映城墙、护城河和寺与塔关系的,还有重点描绘大报恩寺塔细部的。其中一幅是在大报恩寺塔上描绘南京城墙东南角一段内外的景物,在这幅铜版画上,南京城墙与护城河成为主要的描绘对象,完全没有晚清西方人看中国常常带有的鄙夷眼光,而是一种客观的写实记录。几个世纪前,南京大报恩寺塔和南京城墙这些物质载体,曾承当了东、西方城市文化交流的重要角色。

但是到了晚清,同样的南京城墙在西方人的笔下就完全变了样。公元1895年9月,清王朝两江总督张之洞聘请普鲁士王国(今德国)上尉工程军官罗伯特·骆博凯(Robert Löbbekt)来到南京,任务是对从南京到长江入海口吴淞的江防要塞工事提出改进意见。后来因张之洞离任去了武汉,再次接任的刘坤一(原先他就任过此职)改变了原来计划,任命骆博凯为陆师学堂总教习。骆博凯在南京生活、工作了近五年的时间,出于职业的敏感,他对南京城墙有着超过一般人的兴趣。他在1896年3

月 16 日给他母亲的信中写道:“下一步我打算绕着长长的南京城墙走完全程。南京城墙隐隐约约的轮廓高高地从毗连的屋顶上方延伸开去,它最早的目的只是为了阻止农村人口涌进城里来。追溯到它起源的时代,那时亚洲人的武器只有弓箭、石弩和棍棒等,城墙足可抵御凶恶的敌人,保卫他们的城市。现在他们每天还认真地把粗重的横木推上去关闭巨大的城门,次日早上再拔出横木开门,只有单调的城墙巍峨不动。”这位蓄着非常夸张的“八”字胡须、并且后来获得光绪皇帝授予二级双龙勋章的德国人,第一次把南京城墙用照片的形式传播到西方。

罗伯特·骆博凯身佩双龙勋章照

恰恰在这 30 年前,普鲁士国王批准拆除了柏林城墙。拆城是为了城市的发展,且无需细究理由,我们只知道从德国来到南京的骆博凯在面对两年前刚结束大规模维修的城墙和新造的城楼时,不可能无动于衷。他写道:“我通过我的译员与一个守卫城门的卫兵军官进行了交谈。这个可怜的家伙告诉我,他就是在这个城门旁的房子里出生的,他父亲和祖父都做过守卫城门的军官。他希望自己一生能从这个悠闲的高处观察和研究南京人的生活!典型的中国人!”这段话非常耐人寻味,一方面是正处在工业化进程中的德国,拆除了柏林城墙;另一方面是晚清的中国,耗费了 10.878 万两白银,不仅大规模修缮了南京城墙,还依旧在守护着它。

在德国工程军官骆博凯的眼中,工业化使火炮的威力成为击破冷兵器时代城墙的利器;城市化的扩展使城墙成为城市发展的羁绊;近代科学技术化促使西方人追求进步的时候,晚清中国人的理想却是在城头上悠闲地观望。罗伯特·骆博凯恐怕不仅见证了城墙发展晚期时东、西方不同国度的形态;他还在城墙下比较了当时中国与西方社会的巨大思想落差。

刀剑炮火的经历

◎ 第八章

南京明代城墙在实战中的防御效果究竟如何？历史上导致城市被攻破的致命缺点又在哪里？城池最本质的原生价值之一就在于冷兵器时代其所具备的军事防御功能。所以，从战火中检验南京城墙的防御能力，是最好的途径。

南京城墙经历较大规模的城池攻防战共有四次，都发生在火器得到长足发展的近代。前两次是太平天国农民起义战争期间（1853—1864年），属于冷兵器与火兵器并存阶段；后两次分别发生在20世纪初和1937年，攻城战具摧毁目标的能力增强，甚至从地面火炮发展到空中（飞机投掷炸弹）等多种形式，都属于火兵器时期。坚固的城墙在飞速发展的更为先进的火炮面前，军事防御价值的削弱已成事实，显现出它历史性的衰败和不足。南京城墙，这座历经六百年、作为城市防卫建筑体系曾发挥过重要作用的城垣，最终退出战争舞台。这既是历史的必然，也是现代战争的昭示。国民政府直至1949年退出南京之前，并没有低估南京城墙的军事防御价值，并局部修缮过城墙工事，但它最终还是未能、也不可能发挥出预期的作用。

同样的城墙，由于不同人的使用、不同的时代背景，往往差异非常大。所以，决定城池攻防胜负的关键在于“人”和时代背景。即便是曾被冠以“高坚甲于海内”威名的南京城墙也不例外。

第一节 ◎ 南京城墙的守备

南京城墙的防御功能从明代有定制，
作为第三重城垣的京城是南京城池的主要防线，
由城墙、城门、城楼、瓮城、水关、钟鼓楼等组成。
城墙及城门等处均有官兵卫戍守护。
清朝与民国时期，防御功能大减，
解放后曾被当做人防工事加以利用。

在明代（1368—1644 年），南京四重城垣的守御，受朝廷政治制度方面的影响很大，每重城垣、每座城门，特别是宫城和皇城，均有严格的规定和一定数量的兵力把守。作为第三重城垣的京城是南京城池的主要防线，由城墙、城门、城楼、瓮城、水关、钟鼓楼等组成。城墙及城门等处均有官兵卫戍守护。外郭是南京城的警戒阵地，在通往京城的各条交通要道上筑有城门，设置关卡；城门及外郭沿线均派部队设防戍守。

按照明初的兵制，把门千户应统领 1120 人。如果按照南京京城 13 座城门计，仅京城城门的守卫就达 14560 人。实际上，除了把守城门的兵力，在战时或有敌情的情况下，每座垛口还要由一名士卒守卫。依照南京京城城墙 13616 座垛口计

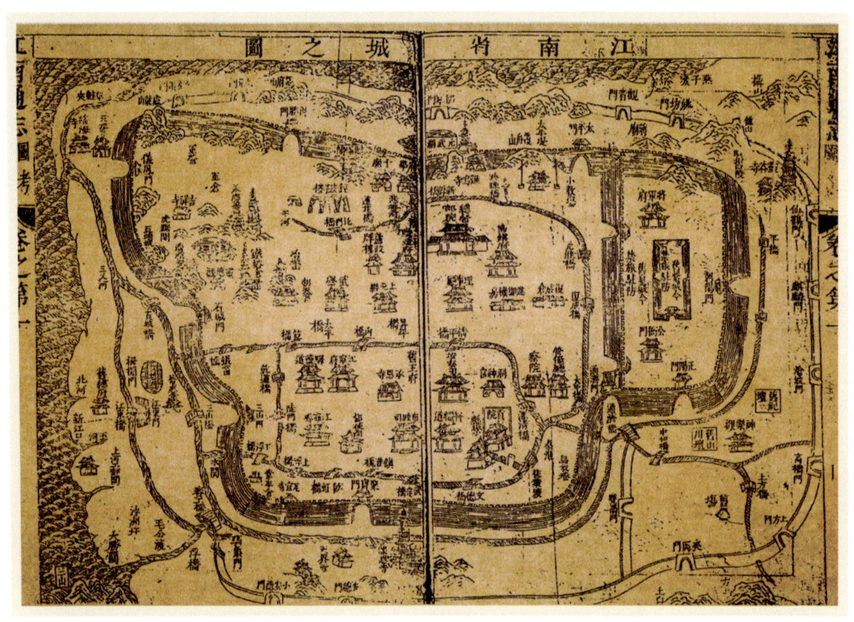

《江南通志图考 · 江南省城图》

算，除了城门更需要重兵守卫外，仅城垛就需要 13616 名士卒才算全额的守备数。如此算来，直接守备南京城墙的兵力至少有 28176 人，而洪武二十九年（1396 年）的统计显示，当时在京官军达 22.2 万人。

明迁都（1421 年）后，南京守备兵力骤减过半，仅留下各营定额所设的官军 12.651 万人。宣德四年（1429 年）在册清勾者，为 6.1336 万人，又减少了过半。到万历（1573—1620 年）初年，南京守军仅 2 万余人，而且“大都旧营徒手寄操居什之二，老稚疲癃居什之九。新营近亦强弱居半，概不足恃”（顾起元《客座赘语》）。经过万历年“倭变朝鲜”和南京“刘天绪变”两次添设营兵，南京守军兵员已从 2.7 万增至 3.18 万人。此后，南京各城门的守备也有所加强，根据《南京都察院志》记载统计：南京 13 座城门共配备了大将军铜铳 130 门，碗口铜铳 633 支，铁铳、铜鸟铳、铁鸟铳、连珠铳、鞭铳等各种其他火铳 655 支，各种守城的专用矛、刀、挠钩、棍等兵器近 2500 把，弓（包括弩弓）近千张，除了这些常用守城器械外，还配备了大量的木马子、生铁、撒袋、蠢袋、钉板、石灰瓦瓶，以及各色军旗、军乐器和常备工具等。但是，守城最关键的兵力，在明末出现严重的不足，基本只能依靠全城的居民作为守备的主力军。明崇祯九年（1636 年）正月，当农民起义风起云涌之时，江北的和州失守。吴次尾在《留都见闻录》中称：“江浦被围，于是南中防御尚书皆住门城守，居民皆执竿上城，各站一垛。每夜灯烛之费至数百万千……”正因为南都时期城中守备兵力的不足，所以将一些对交通影响相对不大的城门堵塞，这是守城者为提高城池防御能力而不得已采取的下策。明末，在关闭钟阜、仪凤两门之后，又堵塞了金川门。

弘光元年（1645 年）五月辛卯深夜，当清军渡江南下的消息传到南京时，弘光帝朱由崧只带少数随从，悄悄打开通济门，离开了南京，就连他的辅佐大臣马士英也被蒙在鼓里，“百官犹不知，但夜闻甲马声而已”。至是，“城守无备，一朝狼狈，通国恨之”。

清代的南京虽是朝廷经济命脉，都督府署正堂上悬挂的“两江保障”、“三省均衡”大匾，昭示着江宁府城的重要，但朝廷派驻的满、汉常规兵力不足万人。清代南京城池的防御，与明代的四重城垣防线相比有所改动，主要是将明宫城与皇城改造成驻防城（俗称“满城”）。江宁府城沿袭明京城旧制派驻防军。由于清代火器的长足发展，加之南京城广地阔，防军强调骑兵的游击性能并在府城周边制高点上设置炮台，以取代外郭的纵深防御功能。因此，外郭的防御功能逐渐退化，至清末各城门犹存，但整体防线已形同虚设。

清顺治二年（1645 年）五月，清军占领南京后，将南京城一划为二治之，下令将城东北居住的汉人全部搬迁到城西南，“自是东北居民日夜搬

同治四年地方政府在朝阳门增筑的外瓮城

移，提男抱女，啼哭满路。西南民房一椽值一金。”又在险要地段设立江宁旗营，在城东的明故宫范围设立江宁驻防将军署。江宁驻防八旗隶属江宁驻防将军署。每旗有领催 30 人、前锋校 2 人、前锋 16 人。清初，江宁驻防马甲正兵有 4000 人，为蒙古、满洲兵；乾隆二十八年（1763 年），因将蒙古兵调往镇江，江宁驻防马甲正兵仅存满洲兵 2863 人。兵员除马甲正兵外，还有军队基层小甲：步甲 573 人、养育兵 1050 人、炮兵 40 人、弓匠箭匠 120 人、炮手 61 人等，合计 4707 人。

八旗之外，又设绿营（清代汉兵用绿旗，称绿营兵或绿旗兵），会七省节制之兵，故有江南督标。江宁城防之设，又设城守都司，常驻江宁省城有左、右二营。聚宝、通济、正阳、太平四门之锁钥由左营掌管；三山、石城、神策、仪凤四门之锁钥由右营掌管；定淮门锁钥则由左右两营共同掌管。当时钟阜、金川、清凉三门堵塞未开，朝阳门为驻防城东门，故仅按九门分治。

清顺治十六年（1659 年）六月，南明抗清名将郑成功由崇明入江抵南京后，守城清军总督郎廷佐十分清楚无法与之正面作战，于是他一边

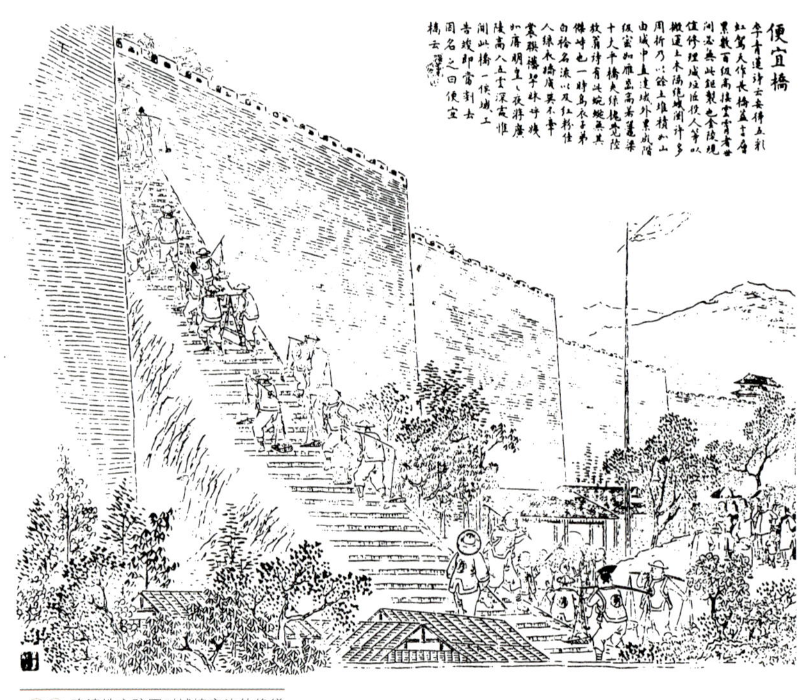

晚清地方驻军对城墙实施的修缮

暗派信使速调总兵梁化凤率部支援，一边对郑成功说：“我朝有例，守城过三十日，罪不及妻孥。请待期而纳欵。”结果，郑成功中了郎廷佐的缓兵之计，延迟攻城以避免清朝守城士兵家人受罚。其间增援金陵城防的清军总兵梁化凤赶到，会同郎廷佐由神策门等门出击的守军，内外合击致使郑军大败，伤亡惨重，损失海船 500 余艘，郑成功北征之役以溃败告终。顺治皇帝为了庆贺江南这场大战役的胜利，下诏将神策门改为“得胜门”。清军在这次侥幸获胜之后，并没有增补城池的防御兵力，直至清末，江宁府城守备兵力仍不足万人。

道光二十二年（1842 年）六月，英军舰队入江的消息传至金陵，两江总督牛鉴及全城人心惶骇，城中大户纷纷外逃，故关闭城门。次日闭市，复启城门。当镇江沦陷、英军沿江向西进犯之际，两江总督牛鉴以保甲组织民丁补充城防兵力的空虚，创立城防保卫法：“分段设局董，以绅士官不预闻，树栅置械，募勇守御。人日百五十文，日稽夜巡，佐以旗与灯相救相助，鸣金击柝。五城之遥，呼吸流通，最为良法。”8 月 5 日，英军炮舰马良号首先驶入南京江面，江宁府城闭城半日。几天后，十几艘英舰陆续开到南京江面，侵华全权代表璞鼎查将总司令部设在卖糕桥（今迈皋桥），威胁清廷政府答应赔款、割地、开辟通商口岸等全部条件，逼迫交纳赎城款 300 万元，否则将以重炮轰城。当时，英军全部兵力 3400 人，而江宁府城驻防清军先后抵达有 8000 人以上，并且浙江调拨大炮 40 门、苏州调拨大炮 15 门，以及抬炮、鸟枪数百杆均先后抵达南京。两江总督牛鉴一方面要求将士“誓死据守，昼夜加倍小心严防，以期保守城池”；另一方面又向英军连复 6 道照会，先允交 30 万，续交 30 万，后在璞鼎查蛮横坚持下，竟同意如数交纳 300 万赎城款。英军得寸进尺，要求赔款 2100 万，割地香港，开辟广州、福州、厦门、宁波、上海等地通商口岸，并于紫金山安设大炮，扬言若不答应此条件，“定于次早开炮攻城”。8 月 29 日，在英军大炮恐吓和朝廷一味退让下，最终在道光皇帝爱新觉罗·旻宁授意下，《南京条约》正式在停在南京江面的英军旗舰“康华丽”上签字。自此，清代江宁城防一旦遇警，大体以保甲守城之法。江宁府的城甲制、城墙防御官兵及民兵分布为：东北共 18 甲，西北共 29 甲，东南共 26 甲，西南共 49 甲。城内守备方面，与保甲互为表里的“权宜之制”还设有巡卡。将全城划分 14 个巡卡，每卡配兵 5 人。城门盘查，亦以营兵分任。

民国时期（1912—1949 年），由于近代火兵器的长足发展、城市政治地位的改变等诸多因素影响，南京城池的防御也较之明、清有很大变化。攻城器械也不仅来自地面火炮等兵器，还有飞机投掷的炸弹，原始的守城器械（如地听等）已完全失去作用。

国民政府在南京时期，可以分为三个阶段。民国早期（1912—1927 年），由于军阀混战不休，南京城又处在各路军阀争夺的要地，故南京城墙防御，大都局限于对城门等重要地段的设防，尚缺乏长期、整体的防御计划。民国中期（1927—1937 年），南京城墙的防御功能由初期的否定，到被认为是名胜古迹可资利用。1931 年“九·一八”事变及 1932 年“一·二八”淞沪抗战爆发后，南京城墙再次引起守城驻军的关注，被列为南京内城防御工事，并被改造利用。南京城墙上的近代地堡和工事大都始筑于此时。民国后期（1945—1949 年），南京城守备等诸事由首都卫戍总司令部和南京市工务局负责，其中包括对城墙巡警、维修、工事修造及相关材料的提供与组织。民国时期南京城墙单纯的防御功能，在近代火兵器得到长足发展的背景下，显现出历史性的衰败与不足。

◎◎ 民国时期在狮子山等城墙制高点设置的近代火炮

1949 年 4 月 24 日以后，南京城墙整体上已不再作为城市军事防御工事，局部、或者少数地段的城墙被列为军事管辖区。在 20 世纪 70 年代前后，在“要准备打仗”、“深挖洞、广积粮、不称霸”的影响下，南京城墙曾被人防工事再次利用。2003 年 2 月，南京将全市所有城墙人防工事作为文物保护的一个组成部分，停止一切经营性活动，实施“平时封堵，战时启用”，封堵工作从 2 月启动，直至同年 8 月，共封堵城墙人防工事 97 处。

第二节 ◎ 太平天国时期的城池攻防战

清朝太平军曾攻克南京，并定都于此，改称天京。
围绕天京城池发生的大小战斗，长达八年之久。
这期间围绕南京城池发生的战事很值得后人回味：
太平军攻城，前后仅用了十天；
清军攻占太平军防御的同一座城，却前后耗费了八年时间！
太平军的城池攻防战术，不能不说技高一筹。

清咸丰三年二月初十（1853 年 3 月 19 日），太平军攻克江宁府城，遂定都于此，改称天京。至同治三年六月十五日（1864 年 7 月 19 日），清军收复江宁府城，太平天国驻守天京城达十一年零四个月。而围绕天京城池发生的大小战斗，长达八年之久。这期间围绕南京城池发生的战事很值得后人回味：太平军攻城，前后仅用了十天；清军攻占太平军防御的同一座城，却前后耗费了八年时间！太平军的城池攻防战术，不能不说技高一筹。

咸丰三年（1853 年）正月，太平军在洪秀全、杨秀清率领下离开武昌，水陆并进，挥戈直指江宁府（又称“江宁省”，即南京，以下略）。正月十七日，两江总督陆建瀛为抵御太平军的进犯，入江宁省城关闭城门自守，并将城门均用土袋闭塞，城外不设兵营，总督、将军俱登城彻夜巡守。正月二十八日，太平军抵南京聚宝门外并实施佯攻。三十日，有米行伙计数千人向城上守城清兵索求兵器，并希望清军派兵坠城助战。清军怀疑有诈不允，反而开炮驱散众人。太平军“乘势奔过吊桥”，直抵城下，拆屋烧城门。守城清军从上泼水下石，相持数时。太平军又施放火箭，因聚宝门一段城高，火箭仅得过城，幸未延烧。当时，守城清军在全城招募、奖励全城保甲守垛，由原先的守城“人日百五十文”，增加到“人日三百钱”。

二月初一，太平军完成对南京城的合围。太平军先绕城查勘，选择突破口。之后，太平军不过数十人，环城各门不断骚扰，清军不知详情，“数炮齐发，彻夜不止”（清·谢介鹤：《金陵癸甲纪事略》）。二月初五，太平军利用在长沙“招得掘煤洞蛮子数百人”，从龙湾静海寺内挖地道至仪凤门段，“用龙口法（即挖地道）遂破金陵城”（清·谢介鹤：《金陵癸甲纪事略》）。“地雷轰发，城崩，贼（指“太平军”，下同）骤登。第二雷继作，砖石飞起半空……贼亡命争践贼尸，捷足复上”（清《弢园笔乘》载《太平天国战纪（外十一种）》北京古籍出版社，1992年2月版）。炸塌南京仪凤门（后称兴中门）附近城墙二十余米，继而由城南水西门、聚宝门、汉西门（今“汉中门”西侧）一带用竹、木商人囤积的竹木绑扎的云梯登上城墙。守城清军退避驻防城，“尽驱妇女登陴杀贼，相持两昼夜，力竭城陷”（清·陈作霖：《金陵通纪》）。

太平军入城以后，清政府极为恐慌，调动一切能调动的军事力量，以太平天国的天京为中心，全力实施围剿。钦差大臣向荣在天京城外东面的孝陵卫成立“江南大营”；清军将领琦善统直隶、陕西、黑龙江各省的马步军，自河南至扬州，成立“江北大营”。太平军鉴于当时形势，对天京城的防御极为重视，构筑了以明南京京城城墙为中心的全方位防御体系。钦差大臣向荣在向朝廷呈报的奏折中对天京城的防御如此描述：“金陵城高池深，坚固异常，西面则滨临大江，北面则湖水汪洋，其东、南两面，半系小河环绕，仅紫金山龙脖子一隅有旱路可通。又开挖深濠重堑，密布竹签蒺藜，以营护城，复以城护营，防守极其严密。”不仅如此，太平军

清军江南大营1853年至1856年间围困天京示意图

守城时，还采取许多虚实相间的办法，如《金陵纪事》记载："每逢夜战，贼在城隅只点一灯极明亮，又用人在城上擂大鼓、打锣鼓以助军威。有夜战则更鼓尤众盛，平时将神香遍收，每晚在城垛洞内焚烧，烟雾迷离，伪若守城人众，其实城上并无多人"，借此迷惑攻城的清军。

太平军入城后，将各城门土袋撤去，城门大开，每门日派太平军数人稽查出入。数日后，又将城门砌小，仅如寻常大门，设门一扇，每晚必闭此扇小门后，再闭城门。城门内设大炮两门，司炮人住瓮城内，无瓮城的城门则住城门旁的更房。数月后，复于各城门内设置栅栏，开门两扇，晚上由内上锁。木栅牢固"非巨斧斧之栅不开，城门便不可启"。城楼上安置大炮数门，雉堞外支板，板上放置石块，支以木、拽以绳，城楼左右设有席房两间，司炮两三人，司更数名老人，插旗数杆，夜不用灯火。自此，每隔垛口二十余座，设一席房，插旗守更而住。城外挖沟一道，沟外即筑营。

清军内应败绩神策门图

太平军对城门等要隘处盘查、设防甚严，出入均需凭夏官丞相所发凭证方可通行。“妇女出城，却无须贼凭，只能藉抬死尸、砍伐柴薪两事方可出城。”城内青壮男人均被归编军伍；而城中许多妇女日以劈竹签、挑砖、负米为事，夏秋间又令妇女两万人出城挑挖濠沟；有残疾者或年过60岁（称“牌面”）及不满15岁（称“牌尾”）的人，被统称为“老民”，亦被安排上城头打更、或令拆西华门城头、搬运城砖诸事。对重要地段的城门，如朝阳门“贼重地，非亲信不任，守城又极严”，广西人陈桂堂曾守御该门，清廪生张继庚曾欲策动为内应，后因太平军及时调换守门者，改为由神策门入，结果又被太平军发觉，“周湖筑土城，防范甚密”。张继庚等人被杀。

天京城的太平军城防之战先后发生过三次，体现了守城将士的智慧和顽强，以及在冷兵器时代末期南京城墙所具备的功能和作用。第一次天京保卫战，从咸丰三年（1853年）至咸丰六年，以击破清军江南大营和城东防线为标志，向荣被困丹阳，自缢而死，天京城初告解围。第二次天京解围战是在咸丰九年以后，当时围困天京的清军已达八万人。太平军以围魏救赵的部署，先长途奔袭杭州，调敌出援达到回救天京之围的目的，后以击破清军的江南大营为目标，于咸丰十年五月初完成对江南大营的全线包围，并发起进攻。清军最后的抵抗也告失败，清军将领张国樑率残部逃到丹阳南门外，坠河淹死；和春逃到苏州，没有进城，在浒墅关自杀。九洑洲的清军炮舰也相率逃遁。包围天京城数年之久的江南大营再次被太平军击破。第三次天京保卫战，自同治元年（1862年）至同治三年，以天京城陷落告终。同治元年五月，曾国荃率清军先后攻克秣陵关、江心洲（周村、板桥、大胜关、三汊河各要隘均被攻克），并扎营于雨花台。自此开始进入第三次天京保卫战的大决战。当时天京城内外的形势发生了很大变化，守城的太平军陷入苦战。至同治三年，天京城内守兵仅有一万余人，能参与作战的士卒不足四千人，而城外从各地汇聚围剿的清军却增至五万人。合围南京近三年之久的清军，在夺取了紫金山上的天堡城后，又攻陷了太平军地堡城。随后用五天时间，挖地道通向城墙，被太平军及时发觉，炮轰火攻将遁入地道内的清军四百余人全歼，营官总兵陈万胜及哨官总兵王绍羲被毙。但是，随着清军兵力和火炮的不断增加，天京城多处地段城墙成为清军进攻的目标。同治三年六月十六日，清军先后突破天京城城墙“龙脖子段”及数座城门，太平军死伤惨重，天京城遂被清军攻占。

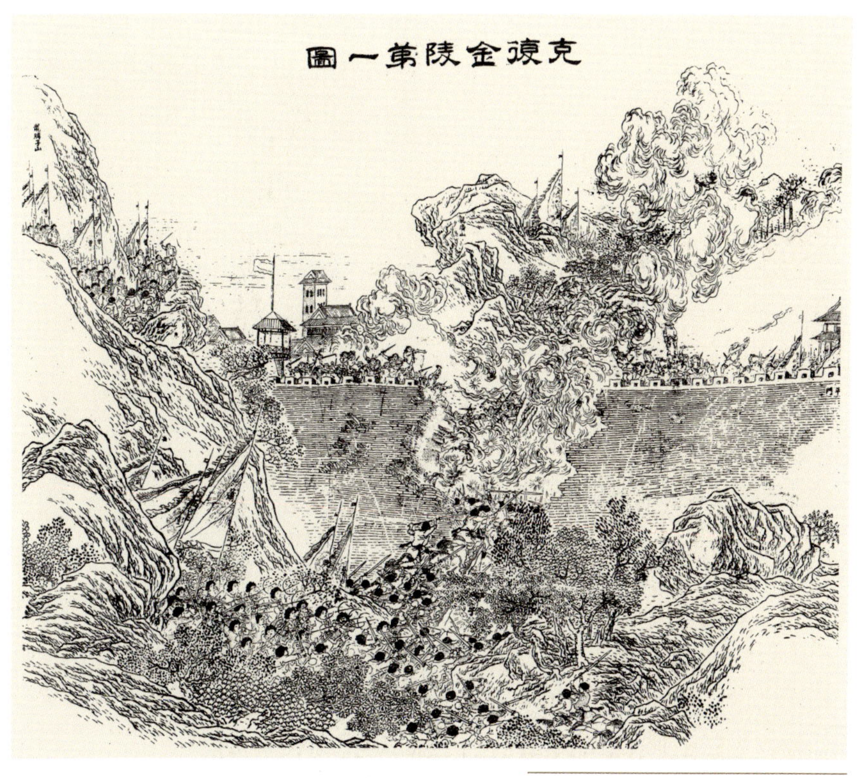

◎◎ 清军从炸塌的“龙脖子”段城墙缺口攻城

两江总督曾国藩在日记中做了如下总结："此次地道破城，一在炮火极多，猛攻极久，使城贼立脚不住；二在附城极近，掘洞极速，仅五日而成，功出贼所不意。"他还在太平门外"龙脖子"段城墙缺口维修时亲自撰写碑文，记述了清军攻陷南京城的八年经历，并留下十六字铭言"穷天下力，复此金汤。苦哉将士，来者勿忘"。因此，后人称太平军利用南京城墙的军事功能是冷兵器时代南京城墙防御战之绝唱。

道光三十年廣西賊首洪秀全等作亂咸豐三年二月十日陷
[illegible]金陵[illegible]為偽都官軍圍攻八年不克十年閏三月師潰賊勢
益張有衆三百萬擾亂十六省同治元年五月浙江巡撫[illegible]
曾國荃率師進攻金陵三年六月十六日於鍾山之麓用地道
克之是歲十月脩治缺口工竣鐫石以識其[illegible]銘曰窮天下力
復此金湯苦哉將士來者勿忘
曾國[illegible]記并書

曾国藩撰写并书的清军破城记事碑

第三节 ◎ 近代火炮下的绝唱

民国时期，中、日交战双方都对南京城墙的军事作用高度重视，中国守军试图建立以城墙为主的有纵深的防御体系，然面在火兵器的时代，围绕城门进行的多次激烈的保卫战均以失败告终。坚持五日之后，南京城失守。

民国时期（1912—1949年），作为南京城防主要工程的南京城墙，在火兵器得到长足发展之后，其防御功能出现严重退化。守城者单凭坚固的城池，并以此为基础加以改进（构筑地堡和散兵坑）和增添现代火器的配置，根本无法抵御钢炮的猛烈轰击。对此，1929年编制的《首都计划》中明确指出，南京城墙已失去防御作用，其后的事实也给予了证明。这座在冷兵器时代作为城市防卫建筑体系曾发挥过很大作用的城垣，最终退出战争舞台是历史的必然。

1937年11月11日，面对侵华日军的威胁，南京政府军事委员会警卫执行部开始做守城准备。同年11月20日，国民政府发布迁都重庆宣言，并做出短期固守南京的决定。11月26

设置在南京城墙及明故宫等处的碉堡和地堡

日，国民政府军事委员会对日作战大本营发布南京卫戍部队战斗序列，中国守军共约十万余人。中国守军试图利用南京城墙及周边地形，建立以城墙为主的、有纵深的防御体系。据《中国军事史·兵垒》称："南京城防以城垣工事为核心，加筑一道钢筋混凝土工事为外围，再配合野战阵地，形成三道可靠的阵地带。"

1937年12月1日，日本大本营向华中方面军下达了进攻南京的《大陆命第八号命令》："华中方面军司令官须与海军协同，攻占敌国首都南京。"华中方面军下辖上海派遣军和第十军，还有日本海军和空军等部队，自空中、江面和地面企图形成合围之势，日军总兵力达到二十余万人。侵华日军华中方面军司令长官松井石根在签发的《攻占南京城要领》中，首先就提出"进行炮击，夺取城墙"。

南京城墙，在当时显然受到中、日交战双方的高度重视。早在1934年8月14日，南京警备司令谷正伦就针对当时的南京局势，提出《关于南京城防建议案》六项，其中第一项即为修葺南京城墙。为让南京市政府加大对城墙维修的投入，谷正伦在该“建议案”中称：“查首都城墙，曾于去年三月间由市府将草场门、覆舟山、光华门、和平门附近等处略予修葺后，迄今年余他处陆续崩坍，日见增多。查城墙在军事上之价值固属重大，然于市政上亦为必要之建设。”并希望在本年年底将毁坏地段城墙修缮完工，以“巩固国防，保卫首都安全”。1935年7月6日，《首都东南主阵地线巡察报告》将“南京周围城墙及其内外地区统制为城防地带”，国民政府试图利用南京城墙及周边地形，建立以城墙为主的有纵深的防御体系。在维修南京城墙的同时，在城墙上还建造了安置重机枪、小炮掩体和观察所的永久工事。这类工事均由参谋本部城市要塞组负责组织施工，并全由南京私营建筑公司承包，质量很差，与设计强度相差甚大。例如，1937年，“当教导总队奉命防守时，发现中山门至光华门之间城墙上的永久工事，虽然外面涂了水泥，而内部的横梁都是南竹，并且已经腐烂。官兵发现这种情况，愤恨已极，一致要求要报告蒋介石严惩谷正伦”（《文史资料选辑 · 第16辑》）。

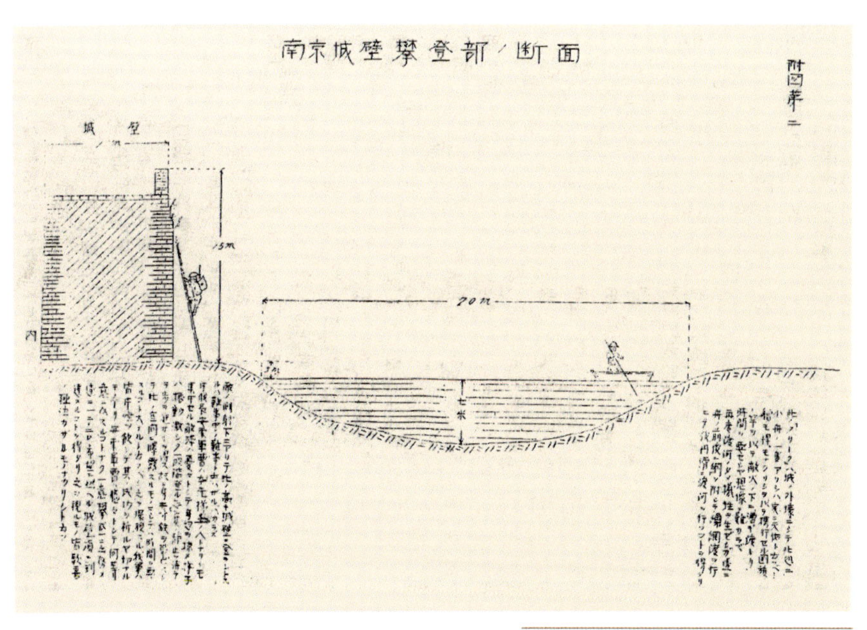

侵华日军战前绘制的攀登南京城墙情报图

1937年12月6日，南京市区实行戒严，封堵部分城门。次日，蒋介石飞离南京，并宣布南京为交战区。12月9日凌晨，侵华日军从南京东南方向抵达南京城墙附近，并将野山炮推至高桥门附近，向光华门轰击，“不一时洞穿二穴，敌军小部突入，当被我军击灭。此后随堵随破，几频于危者凡三数次……”12月10日，日军向雨花台、光华门、通济门、紫金山第三峰同时攻击，下午五时许，日军胁坂部队在光华门城头上立起日章旗，即遭到南京守城将士和炮火的猛烈袭击，伊藤善光少佐被手榴弹击中毙命。据伊藤勇在《日中战争实战记》称：“12月10日，胁坂部队的伊藤大队第一个抵达南京光华门，树立起了日章旗，但是遭到了敌方的奋力反击，日章旗迅速地被夺了下来，伊藤大队长也战死了。光华门的高度有13米，有着宽度100米的护城河，进口处堆着土包，更铺设了带电的铁丝网。城墙上架好了十几挺机关枪，城门有两道门。”在日本国内，12月10日光华门之役被报界渲染成“期待已久的太阳旗飘扬在南京城头的日子终于到来了”，于是全国上下一片疯狂。人们在报纸上印着的醒目的南京地图上，兴奋地指着“就是这个城门，就是这个城门”。不久，事实证明这仅仅是日本报界记者们臆想的“占领”。当夜，南京守军第156

◎◎ 左：侵华日军炮火笼罩下的中华门　右：侵华日军皇族朝香宫鸠彦视察战后的光华门

侵华日军炮火笼罩下的中华门

师选派敢死队坠城，将龟缩在城门洞内的日军悉数歼灭，夺回该城门。这是当时令日军伤亡最大的一座城门，日本军界为此大为光火。所以，光华门给当时的日本人留下了很深的印象。南京沦陷后，许多日本军政要员来南京时，均到此城门参观。1937 年 12 月 20 日，日本皇族、上海派遣军司令官朝香宫鸠彦视察弹痕累累的光华门，听取当时胁坂部队的汇报，并表彰“因率突击队攻入光华门”的“功绩”，亲自向该军第九师团步兵第三十六联队伊藤大队第一中队山际少尉颁赠御赐的日本军刀。

12 月 11 日中午，日军劝降不成，开始从中山门、光华门、通济门和中华门等城门或城墙地段对南京城发动总攻，后续增援的野山炮、飞机和坦克等重型武器也全部调集在城墙下，狂轰滥炸，日军山田工兵部队的爆破挺身队成功爆破了中华门段城墙。在日军猛攻南京城墙的战斗中，以中华门、通济门、光华门、中山门和太平门五座城门的争夺战最为激烈。据《申报》1937 年 12 月 12 日转引同盟社称：“日军胁坂部队十日下午五时半攻略光华门，与守军展开激烈战斗，而于傍晚遂占领光华门。入晚，华军增援大部队迭次实行夜袭，战况剧烈。……（11 日），片桐、大野、野田、助川各部队由紫金山东北方向和平门与太平门进击，富士

日占期间的南京中山门，无法得到及时修缮

井、伊佐两部队由紫金山下直向中山门推进，各处展开激烈战斗，战况甚猛烈。”

12 月 12 日，“雨花门及中山门城垣均为敌炮击毁数处……”除光华门、中山门、雨花门、通济门、中华门、水西门外，还有这些城门之间的多处城墙（如南京城墙西南角），在日军炮火轰击下遭到严重的破坏。根据 1939 年南京汪伪政权绘制的城墙修复示意图，城垣坍塌以至“容易通行”的标识，就达五至六处之多。南京惟一留存的明代制式城楼——中华门九开间三重檐的壮丽城楼，也在日军炮火下焚毁坍塌。

12 月 12 日晨 9 时，“日空军曾密集轰炸城垣城门及城内之华军阵地，历一小时，企图突破华军之防御”。战斗至 12 日下午，南京守军秩序已经紊乱。同日下午 5 时许，南京卫戍司令长官部召令守城将领开会，司令长官唐生智宣布撤退命令。但由于情况异常混乱，突围撤退命令无法下达，除少数部队突围，大部涌至江边，遭到守卫该处的第 36 师阻挠过江，并发生火并，互有伤亡。

12 月 12 日上午 10 时左右，国民政府军事委员会陆军第 78 军军长下令：“各部队均由金川门出城，不准经过挹江门。”下午 5 时，唐生智召集南京守军各部高级将领开会，决定大部突围，一部渡江。突围部队除一部按计划实施外，其余多从下关渡江。混乱中，“挹江门内拥挤，炮兵及教导总队、66 军、74 军、87 师、88 师各部队甚多，均争先抢过城门，互不相让，秩序顿形混乱。加以先有各机关汽车拥挤不能通过，委（丢）弃城门附近，通路更为狭窄。各部士兵前停后挤，迟到者更急不可待，任意开枪，甚至自相冲突”。据费吴生在 12 月 12 日的日记中称：“……（挹江门）城门紧闭，极端恐怖的是：（中国）士兵爬上城墙，用绳索、绑腿和皮带，或者是把衣服撕成布条，把自己垂下城外，许多人跌死。”在这种特殊时期，南京城墙不仅没有达到拒敌于城外的目的，反而成为困扰城内大批求生军民的屏障，甚至使得他们遭到侵华日军入城后的残暴屠杀。有关资料表明，日军占领南京城墙之后，对身负重伤和已经放下武器的中国军人实施了杀戮，并用刺刀将中国军人从城墙上挑下城。因此，日军在南京一手制造的惨绝人寰的大屠杀，实际上是从南京城墙上就已经开始了。

第九章 拆城与保城始末

中山门

在近现代攻城器械飞速发展的同时，19世纪西方第二次工业革命引发的城市化运动开始导致旧有的城墙被大规模拆除，此种情况逐步蔓延全球。这反映了城墙这一用于城市防御的建筑形式，进入了实用性的最后阶段。中国各大城市真正受到冲击是在20世纪，中国也步入了大规模拆城时期，初有城墙“拆”与“保”的争辩，最后城墙相继被拆除。其间，不同程度拆除城墙的城市达上千座，即便目前世界上保留最长的城市城墙——南京明城墙，也在那个时期被拆除了十余公里；而北京城墙几乎全部被拆除，仅留了千余米城墙的残段和几座城门。

对于城市城墙的拆与保，从现在社会价值观的普遍认识来看，当年纷杂的争议似乎难以理解；当年那些主张拆城的人，也被人们诅咒为“败家子”。回眸半个多世纪前的拆城运动，无法回避的事实是：在当年的拆城运动中，绝大多数人仅仅是旁观者，有相当多的人参与到不同层面的拆城之中，其中包括一些专家学者在内的社会各界人士。反对拆城的人并不占多数，他们的声音也很微小，写给市长和相关部门及媒体的书信大都转到拆城人的手中，他们中有的人甚至被当成社会主义建设的破坏分子被错加批判。历史证明，恰恰是这一小部分人先知先觉，值得后人缅怀。如北京的梁思成、南京的朱偰等，都是当年反对拆城的“一小部分人”中的杰出代表。

诚如人类建造城墙经历了漫长过程一样，人类最终摈弃城墙也经历了一个不短的过程。如果追溯南京拆城的源头，则可以从增开城门开始，随后经历了城墙拆、保之争和拆城阶段。

第一节 ◎ 从堵城门到开城门

随着城市功能与发展的需要，从明中后期开始，南京的城墙就不断经历着城门封堵与增开的过程，城门名称也随着时代变迁。

明南京内城的城门，随着城市功能的需要，先后经历了堵城门到增开城门的过程，从14世纪中叶最早的明代13座城门，发展到20世纪中叶的26座城门，反映了南京城墙在城市发展不同阶段中的变化。

明中后期（16—17世纪初），由于南京守备兵力不足，南京内城13座城门及外城18座城门，出现了两座城门由一个千户所管辖的现象。将部分对城市交通影响不大的城门堵塞，也是守城者为提高城池防御能力不得已而采取的下策。如1555年之后，堵塞钟阜、仪凤二门；1558年，通济门并入聚宝门千户所兼管等。明末（17世纪初），又堵塞了金川门和定淮门。

清初（17世纪中叶），神策门、清凉门两门封闭后，复开定淮门。顺治十六年（1659年），梁化凤重开仪凤、神策两门。此后，江宁府可通行之城门有十座，即太平门、朝阳门、正阳门、通济门、聚宝门、三山门、石城门、定淮门、仪凤门、神策门，长达185年之久。道光二十三年（1843年），再次封闭定淮门，江宁府城留有九座城门以通出入。

清末（20世纪初），随着维新改良运动的兴起，西学东渐之风遍及全国。在西方大规模城市化建设影响下，以城墙形式合围起来的城市，受到前所未有的波及。江宁府城亦然，突出表现在增开城门方面。光绪三十四年（1908），在城西清凉、定淮两门之间，破墙开辟草场门；在神策、金川两门之间，开辟小北门（又称"四扇门"，后被讹称"钟阜门"）。对应于"小北门"，曾有开辟"小南门"以利交通之议，后因经费无着而作罢。宣统元年（1909年）六月，因在城北筹办南洋劝业大会，新建后湖公园（今玄武湖公园），遂在神策、太平二门之间城墙上开辟城门以便利民众游览。此城门在两江总督瑞匋斋在任时开筑，未及完工，瑞匋斋便离任，继任总督张人骏将其竣工。因张人骏是丰润（今河北唐山市丰润区）人，故城门冠名"丰润门"（今"玄武门"）。1907年，因沪宁铁路至下关姚坊门一带，需要增加支路入城，重开金川门。

民国三年（1914年），在南京下关商埠局帮办金鼎的首先倡议和各界的人士合议下，为开辟新的街市、繁荣下关码头岸线，提议新开城门，填平洼地，修筑马路。民国三年五月，在仪凤门以南城墙上破墙动工，新开单孔城门一座。因江苏省民政长韩国钧为批准该项目的主要领导，韩是

◎◎ 长期被封堵的钟阜门

挹江门

泰州（旧称海陵）人，故名海陵门（今“挹江门”）。海陵门的开辟，对南京下关地区街市的形成，促进当地经济发展，起到了重要作用。

民国十七年（1928年）四月，南京市政府教育局向市政府提出：南京各城门名“非寓有封建思想，即涉及神怪谬说，于现代潮流颇不适合，……将最有窒碍之各门旧名一律取消，改用所立之新名。”当时所拟改名城门有十座，初拟是：聚宝门改为中华门、海陵门改为挹江门、仪凤门改为兴中门、朝阳门改为中山门、神策门改为和平门、丰润门改为中正门、正阳门改为光华门、通济门改为共和门、金川门改为三民门、太平门改为自由门。后经商讨，城门改名定为七座。其中“中正门”一名并未流传，而“共和门”、“三民门”及“自由门”均曾在一些正式出版物及文书中，有年余的使用。同时，被误称为“钟阜门”的城门（即所谓“四扇门”）改名为“小北门”。

明、清时期（1368—1911年），进出南京城门的通道仅为一孔（包括增开的海陵门、草场门等），应付当时的主要交通工具，如畜力车、人力车等，尚无不便。到清末和民国初年（20世纪初），衙署局所、富绅巨贾开始

玄武門

◎◎ 玄武门

使用私人汽车，尤其是1927年国民政府定都南京后，进口汽车日益增多，进出城门时造成拥挤的状况时有发生，故先后改筑、增筑了一批样式不同的三孔城门，以便利和改善城门的交通。这类城门有：由原海陵门改筑成的挹江门（1928年）、由明代朝阳门改筑成的中山门（1928年）、由原丰润门改筑成的玄武门（1934年）。

由于1927年国民政府定都南京，城市进入快速发展时期，形成自明代以来南京城门开闭变动最繁、增开城门最多、城门名改变最大的时期。在不以拆除城墙为代价，又能解决道路交通、方便居住并带动城墙内外区域经济的近现代城市发展的唯一出路，就是增开城门。1927年，因修缮东水关，为方便城内居民出城取水，在正觉寺附近拆城筑路后增筑武定门；1931年，因建中华门环门路，在中华门内瓮城东、西两侧破墙开路，增筑中华东门、中华西门；因建汉中路出城的需要，将位于汉西门北侧城墙打开豁口后建汉中门；1932年，因金川门改建为市内“小铁路”的出入通道，考虑到城北交通需要，在金川门西侧开筑新民门；1933年，因建子午路（即中央路）需要，在和平门（即神策门）偏西段破墙开路，后筑中央门；1936年，因市内“小铁路”向南延伸，遂于门东石观音庙抵城墙处，破城建雨花门，以便“小铁路”与江南铁路贯通。自此，南京城墙的城门多达24座，即：中华门、中华东门、中华西门、水西门、汉西门、汉中门、清凉门、草场门、定淮门、挹江门、兴中门、小东门（即明代“钟阜门”）、新民门、金川门、钟阜门（误传，应为“四扇门”）、中央门、和平门、玄武门、太平门、中山门、光华门、通济门、武定门、雨花门。

在城墙仍然作为城市防御工事之际，因城市发展需要增开城门，实属上策。这种做法，一直延续到20世纪50年代初增开解放门及打通“后湖小门”。南京在20世纪50年代拆除部分城墙之前，城门数量最多时达到26座。

第二节 ◎ 城墙拆、保之争

民国时期，南京市政府以新都建设需要为由，
主张『拆城墙』由此开始各界争议。
以蒋介石为代表的拆城派，
受到顾问墨菲、孙科以及徐悲鸿等各界人士多方阻挠。
后因军事需要，城墙暂保。

在城市由传统封闭型向近现代开放型转变的趋势下，20世纪初，全国各地掀起了一场拆城运动。广州、上海、武汉、长沙、梧州等城市纷纷将城墙拆除，使市区得以扩展，城市面貌和布局都发生了较大的变化。这场拆城风潮，也波及到了北京和南京。北京在报纸上为此展开了讨论，形成了"拆城筑路派"和"保护城墙派"。为此，留学美国、专攻市政的白敦庸先生在其所著的《市政述要》中的《北京城墙改善计划》一节里，强调指出：古城墙稍加改善，就可以成为屋顶花园、市上桃园，而且"其位置之佳善，亦难及城墙之十一……今日北京城墙，一废物也。若照此篇计划改善之，则是朽木回春，枯骨生肌也。于居民增一福利，于世界放一异彩，既一劳而永逸，复暂费而久

宁,是不可举,孰可举哉?”如果说北京城墙的“拆”、“保”之争,局限在一般官员、市民和一些专家之间的争议,那么南京城墙的“拆”、“保”之争,无论从范围和参与争论人员的政治背景上,都超过了关于北京城墙的争论。

1927年,国民政府定都南京不久,当时的南京市政府就以新都建设需要为由,主张“标卖南京全城城垣城基,化无用为有用”。这个主张一经提出,立即受到社会的广泛关注。江苏教育经费管理局局长廉泉在送交国民政府常务委员、秘书长钮永建的呈文《南京拆城计划中保留一、二古迹之私议》中,提出保留城墙重点地段,如“全国稀有之建筑”聚宝门、“六朝遗迹,江南最古之建筑”台城,“应仿照北京前门、伦敦旧堡办法保存不拆,以留古迹,并应责令承办公司或商人加以修葺,俾便登涉,尤须酌留余地,建造公园”。

1928年4月,南京特别市市长何民魂呈报国民政府文中提出:因洪武门(讹误,应为正阳门)月城“年久失修”、“坍坏”,“与军事既似无甚关系,且修复亦需巨费”,提议将正阳门外瓮城拆除后的城砖,用于修筑“燕子矶、观音门一带马路”。国民政府对此的态度是“…… 古迹宜保存,修□燕子矶一带马路另筹款可也。(不修不拆可也 —— 原件中的批文)”。然而,在同年11月间,新出任南京市市长的刘纪文在向国民政府的呈报中披露了拆城事态的新发展:“军事委员会主席蒋(介石 —— 笔者注)面谕太平门至丰润门一段城墙,业经南京市政府议决拆卸。…… 查职府并无议决拆卸之成案。除函复外,惟本京城厢营房设计委员会、国民革命军总理奠事筹备处、国民革命军第四十军副官处、军事委员会航空处军官团等机关,均因建筑需用城砖,先后函请拨给前来。查职府前以市政经费困难,原有之零星城砖因市内各处马路亟待修治,当经市政会议议决,将前项城砖一律作价出售,指拨筑路之用。令饬工务局公布并经照案先后分别函复各在案。但将来如首都拆除城墙,果成事实,对于各机关函请拨用城砖一节,可否随时拨给。仰仍查照成案办理之处理”,国民政府经查“并无拆卸城砖之议,所请拨用城砖一节,自不必预先提及”。

1929年3月15日,蒋介石再次以“中央陆军军官学校校长”的名义,在上报国民政府公文中要求拆除城墙，提出将拆卸城砖用于修建军校："查职校各项建筑日来正在进行，若一旦停止，势必影响工程，全部一切建筑将陷于不可收拾。恳请转饬市政府仍行遵照前案所请办理，俾全部建筑免致功亏一篑"。蒋介石以军校校长的名义，一方面在行文中以"功亏一篑"相胁迫，一方面指示军校自行拆除城墙取砖建校，并以国民政府名义下令南京市政府拆除自太平门至神策、丰润门一带城墙。消息传出后，立即遭到当时在上海任教的徐悲鸿的反对："首都后湖自太平门至神策、丰润门一带为宇内稀有之胜境，有人建议拆除此段城垣，务恳据理力争，留此美术上历史上胜迹……"徐悲鸿后来在《对南京拆城的感想》中写道："南京之为国都，在世界各都会上占如何地位，我不敢知。我所知南京之骄视世界者，则自台城至太平门，沿后湖二千丈一段之 Promenade（散步场地），虽巴黎之 Champs-Elysées（香榭丽舍）不能专美。因其寥廓旷远，雄峻伟丽，据古城俯瞰远眺，有非人力所计拟及者。……以国内胜迹言之，虽比杭州之西湖亦且不及仅维藉此绵延不尽，高巍严整，文艺复兴时代之古堞环绕之，乃如人束带而立，望之俨然，且亲切有味。……欲毁灭世界第一等之巨工，溯其谋乃利其砖。呜呼！刘伯温胡不推算，令朱元璋多制亿兆大砖，埋之于今国民政府所欲建造之地，而使我四万万人拱戴之首都，失其低徊咏叹，徜徉登临，忘忧寄慨之乐国也。"这位美术界大师对南京城墙的高度赞誉，倾注在字里行间；而对拆城派极尽讽刺挖苦之嘲讽，也溢于言表。

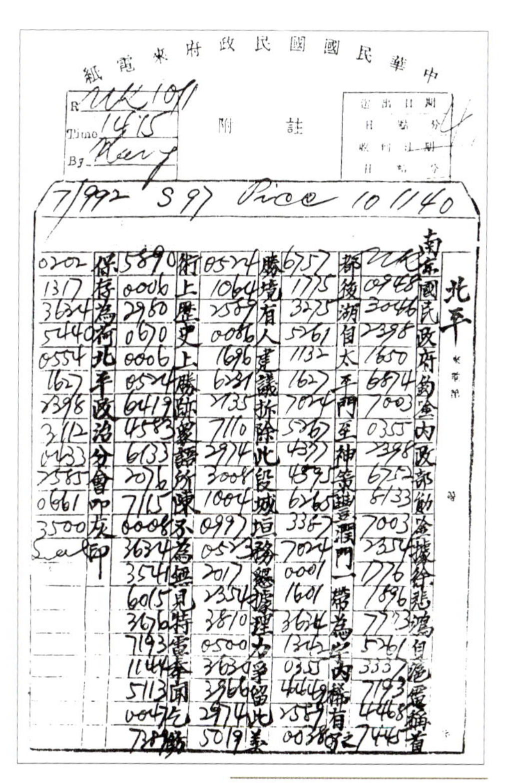
中華民國國民政府來電紙

附註

北平

南京國民政府鈞鑒內政部鈞鑒據徐悲鴻自滬電稱首都後湖自太平門至神策豐潤門一帶為宇內稀有之勝境有人建議拆除此段城垣務懇據理力爭留此美術上歷史上勝跡蒙諮所陳不為無見特電奉聞乞鑒保存為荷北平政治分會叩灰印

1929 年徐悲鸿反对拆城的电文

1929 年底，国民政府颁

布了由国都设计技术专员办事处墨菲设计的《首都计划》，提出利用南京城墙墙体建造环城大道的设想：“利用之以为环城大道，实最适宜。该城垣由海陵门南行、经南门东至通济门一部，城面宽度，几尽可筑为行驶两行汽车之道路。”对一些城面狭窄地段，“可暂筑为只向一面进行之道路，即一边可以行驶汽车、一边可以停放汽车一辆者也。其余城面更狭者，暂亦可用为人行道路。惟所有狭窄城面，将来均需加筑泥土，增其阔度，俾城垣全部皆可行驶两行汽车”。并对这种设想做了如下的说明：“将来城垣上之环城大道，所需于该道者尤多，因可即就该道建筑斜坡道路以直上城垣也。将来城垣大道完成后，若在城垣上驾车游玩，则全城景物及附近乡落之风景，与夫紫金山扬子江之山色波光，均将一一涌现于目前。此种游乐大道，世界上殆亦不易多得。”并认为“南京城垣大道所经之处，在在皆可赏玩，不啻一天然高架路也”。

以蒋介石为代表的拆城派，受到墨菲顾问、孙科以及徐悲鸿等社会各界人士多方面阻挠后，拆城事态才得以制止。1934年，南京警备司令谷正伦提出了《关于南京城防建议案》，将修葺南京城墙列入了城防计划。这个观点一经提出立即受到各界广泛认

國民政府軍事委員會密函

字第 156 號

案據南京警備司令谷正倫呈關於南京城防建議案六項其第一項係修理城牆請函貴院轉飭市政府辦理等情據此除指令外相應據情將該項原文抄請查照轉飭辦理並希見覆為荷此致

行政院

附抄建議案一件

在国民政府军事委员会密函中，谷正伦出于军事考虑，提议修理城墙

同，这有着一定时代背景的因素，也是南京城墙在 20 世纪 30 年代初直至 1949 年得以保留下来的根本原因。

有这种出于军事防御需要的“保城”，当然也会有因为军事需要的“拆城”，这是将南京城墙定位在军事城防范畴（而非文化遗产）的性质所决定的。民国时期修建的明故宫机场初建于 1927 年，以后屡有扩建。该机场“西临秦淮河、北界中山东路、东接御道街、南靠明御河，总面积为 1.27 平方公里。……1940 年后，明故宫机场周围建筑有增无减，两条跑道净空条件越来越差”。特别在 1948 年原设计为 C- 47 飞机起降的机场，在战局不利情况下，须增 C- 46 飞机在此起降。但是 C- 46 飞机跑道长度比 C- 47 飞机要求长，为确保飞机起降安全需延伸跑道而拆除城墙。在遭到南京有关人士反对后，国民政府空军总司令周至柔认为：机场范围内的城墙“仍应继续拆除”。之后“经查明故宫机场午朝门业由空军总部呈主席蒋（介石 —— 笔者注）准予拆除，该项拆下废砖颇可利用”。此风一开，大批民工不仅在明故宫机场外（如明故宫北半部）“挖掘土中城砖”，而且波及到了九华山、下关、鸡鸣寺、清凉山等数处南京城墙。在国立中央研究院朱家桦等人的一再呼吁下，有关部门才最后做出决定：不拆除南京城墙，但认为南京城墙已是“破坏不堪”，许多地段的城墙需要全面修复。

综上所述，这场围绕南京城墙引发的“拆城”与“保城”的争论，其核心是就南京城墙对于民国时期首都而言的现存价值所作的争论，其结果是出于近代战争城防的需要，保城派暂获胜券。

第三节 ◎ 难言的拆城之痛

解放后，南京市由为解除危险而拆除部分危墙到基本上为用砖而拆墙，拆城规模由小到大，虽在有识之士的呼吁下一度停止，但随着反『右』、『大跃进』等运动，城墙被拆被毁严重。

1954年的夏秋之际，南京经历了两个多月的暴雨，长江水位居高不下，城内大范围积水，城墙许多地段长时间浸泡在水中，导致连续发生崩塌事故，居民死伤三十余人（其中死亡三人）。有鉴于此，1954年9月13日，南京市人民委员会经过现场查勘和组织专家讨论后决定：南京古城墙“除了有历史文物价值的有助于防空、防洪以及点缀风景的部分应予保留外，其余一律拆除”，以利城市交通和经济发展。

南京市政府为抢险应急决定成立临时拆城工程处，开始拆除有危险地段的城墙；在有过往行人或住家的地段城墙下，搭建临时性遮挡通道，实行“以工代赈”。客观上讲，此次局部拆城是在建国后不久，经济正待复苏，没有可能投入巨资大规模本案未经上级核定，仅供参考，请勿对外宣佈。

密。

南京市拆除城墻計劃草案

007

◎◎《南京市拆除城墙计划草案》封面

修复早已破败的南京城墙。同时，这也是为了保障市民生命财产安全的一项临时性措施。因此，这次的“保护性”拆城，与民国初年拆除“驻防城”（即“满城”）的“以工代赈”有着本质的区别。当然，从南京城墙作为历史文物被拆除这一事实上看，所造成的后果是严重的。

最初，南京拆城是局部性、有选择地进行的，工程进度也较缓慢。1956年8月中旬，由于南京市建设用砖供不应求，决定“在市委城建部领导下成立拆城小组（由城建局、建筑工程局、房地局、施工管理处四单位组成，以城建局为组长），要求有多少力量拆多少砖，由拆城小组统一领导，分工拆除”。许多地段尚未得到批准就擅自开工，“至此，大规模拆城工作，陆续开展起来”。江苏省文化局副局长朱偰闻讯后十分焦虑，遂于同年 9 月 23 日在《新华日报》上发表《南京市建设部门不应该任意拆除城墙》一文，其中对拆除太平门附近城墙提出批评：“…… 由于南京市建设部门领导人对保护国家文物的重要意义认识不足，既未能遵照上级政府指示办事，又未经与当地文化行政部门联系，亦未经征询人民群众意见，竟擅自拆除上级指定应该保护部分的城墙。今年五月，先拆除太平门到复（覆）舟山后一段，长几达一里 ……”文章见报以后，南京大学气象系三年级的王裁云、周文耀、郭鹏等八位同学，以及读者张必善、鲍虹等热心市民，纷纷给《新华日报》社写信，要求“保留古迹”，立即停止拆城，并表示：“我们并不要求复古，而是若把这个仅有的完整城墙也拆除的话，那么到南京来玩的劳动人民和我

南京市建設部門不应該任意拆除城牆

朱　偰

南京城牆建于明朝初年（开始建于公元一三六七年，即洪武前一年），長达六十三華里余，气魄雄偉，雉堞坚固，是世界上現在保存的最大的一座城池。解放以后，由于城垣年久失修，局部城牆有崩墜危險。南京市人民政府为了保护人民生命安全，又为了便利城鄉物資交流，曾决定局部拆除，当时曾呈准前政务院除保存台城、石头城一帶城牆及中華門門闉外，逐步加以拆除。后又經文化部指示研究保存玄武湖西南兩面一帶城牆，以保存古蹟名勝。但由于南京市建設部門領導人对保护國家文物的重要意义認識不足，既未能遵照上級政府指示办事，又未經与当地文化行政部門联系，亦未經征詢人民羣众意見，竟擅自拆除上級指定应該保护部分的城牆。今年五月，先拆除太平門到复舟山后一段，長几达一里；到了八月間，竟又擅自动工，拆除石头城鬼臉城以北一段，長达二百五十公尺左右，經江苏省文化局及南京市文物机关發現，先后加以劝止，但已拆成缺口，造成不可弥补的巨大損失。

查南京玄武湖西南兩面，古城迢迢，遙接台城，为南京風景最美丽区域之一。然而，現在从玄武湖翠洲南望，古城西部已出現一大缺口，最煞風景。石头城歷史更早，建于东漢末年孙权之手（公元二一二年），到現在已有一千七百多年的歷史，当年雄踞江上，为南京有名古蹟之一。石头城的范圍，从清涼門起到草場門止，大部分建在石头之上，形势十分雄固，南京人民都知道加以爱护。現在竟遭市政建設部門局部破坏，实在是不可原諒的一种粗暴行为。希望南京市人民委員会立刻查明責任，加以处理，并設法制止任意利用城磚拆除古城。有关負責部門应該立即作出檢討，并作为教訓，以避免今后再有此类事件發生，致使國家文物造成不可弥补的損失。

时任江苏省文化局副局长的朱偰在《新华日报》上公开反对南京市建设部门任意拆城

们的后代就看不到我们的祖国曾经有过这样的建筑了。”

朱偰是一位文化界、学术界的奇人。他出身于一个世代书香的家庭，其父朱希祖是位著名的史学家。朱偰幼受庭训，少年时就在文学、翻译和学术等领域崭露头角，并引起较大反响。1932 年，他在德国柏林大学获得经济学博士学位。回国后，受聘于国立中央大学，先后任该校经济系教授和该系系主任。有趣的是，这位天资聪慧、才学过人的经济学博士，从回国踏上故乡这片土地后，就以他旺盛的精力和对故乡的热爱，把业余时间投入到南京钟灵毓秀的山水和历史中。朱偰对南京的评价深刻而饱含热忱，在比较中国长安、洛阳、金陵、北京四大古都之后，他说：“此四都之中，文学之昌盛，人物之俊彦，山川之灵秀，气象之宏伟，以及与民族患难相共，休戚相关之密切，尤以金陵为最。”正是出于这样的认识，他在文学、翻译、经济学、哲学之外，又新辟古代文化史方面的考古和研究，使他生平的文化轨迹呈现多样的特性。著名作家艾煊称他是“一双脚跨进了好几个学科的殿堂”。此后，南京的六朝陵墓、庙观里坊、明代宫阙和城墙等，都是他视野所遍及的范围，并经测绘、考证，编撰出版了一批有关专著。其中《金陵古迹名胜影集》、《金陵古迹图考》两部专著，是图文并茂、一图一考、系统介绍南京历史文化遗存的最早的著作。1955 年，朱偰被任命为江苏省文化局副局长，主管文物保护和考古工作。

拆除石头城北段城墙

朱偰的文章先后被《光明日报》、《文化新闻》等刊物转载，有关部门电告了中央文化部。同年 9 月 15 日，中央文化部电示停拆。11 月 14 日，南京市建设局在向市政府提交的《关于拆除南京城墙问题的报告》中表示：“本市拆城规模由小到大，由为解除危险而拆城到基本上为用砖而拆城，并由于未主动的对群众宣传解释，以致民信纷纷，责难很多。……

◎◎ 拆除太平门段城墙

为澄清思想，统一认识，原来属于我们做错的（如拆石头城与太平门部分城墙），应分别公开检查并提出补救办法。”南建公司的拆城工作于同年 12 月结束，1957 年 1 月整理拆城现场结束，并修复了“误拆”的石头城段城墙。

1957 年 6 月，反“右”运动开始后，朱偰被错划为右派，他批评拆城一事被说成“是借题发挥向党进攻”。已经得到初步控制的拆城行为，再次出现扩大化现象。同年 10 月 14 日，在市农工民主党召开的反“右”斗争大会上，朱偰对拆城一事做如此说明：“关于拆城墙我向政府提出批评，完全是从爱护文物出发，请允许我保留意见。”遗憾的是，1958 年初，拆城不仅没有停止，反而出现了扩大化现象。

1958 年，南京拆城处因拆城范围扩大，招收了约 30 名“专职”拆城工人，其中有一位文化最高、被“免于起诉”的所谓“胡风反革命集团骨干分子”刘德馨（笔名“化铁”）。这位当年拆城的当事人，四十多年后在回忆这段往事时说：“1958 年到 1959 年夏天以后，在这期间为了生活，我参加了拆城。主要拆除城南的中华门一带，包括门东、门西等地段城墙的城砖。开始的时候，遇到的全是城砖，比较好拆，后来拆到墙体大部分是条石时非常难拆，我们称之为‘骨头’。当时（指 1958 年冬至 1959 年春）听说拆到水西门城门附近时，遇到的全是条石，还用了炸药。原打算拆除中华门时，也用拆水西门的办法，后来不知道为什么就停止拆城了。1959 年夏天以后，我们这些拆城工人就被安排维修马路去了。”一些明代

维修前的廖家巷段城墙

城门（如通济门、三山门、定淮门、仪凤门、钟阜门、金川门、太平门、正阳门等）以及明代以后开筑的城门（如汉中门、草场门、小东门、武定门、雨花门、中华东门、中华西门等），也在这段时期遭到拆除。1959 年 5 月，南京市市委第一书记彭冲指示：“拆城工作立即停止。”自此，南京大规模拆城得到一定程度的遏制。因此，南京城墙被大规模拆毁的时间，集中在 1956 年至 1959 年的几年间，拆除的长度约占原始长度的三分之一（即十余公里）。

维修前的武定门段城墙

1958 年下半年，全国掀起“大跃进”运动，许多建有古城墙的城市出现了拆城大潮，全国范围内的许多大、中、小城市（包括县城）的古城墙都未能幸免。1984 年，由鲁平、姚禹谟、王宗唐、周文保、朱启銮等人共同撰写的《南京古城墙沿革及保护、维修建议》中对 1958 年南京的拆城行为，做如此评价：南京有关部门将“拆城机构下放，以城砖来弥补建设用砖之不足，逐步失控。有关建筑、房屋等施工单位，都组织了拆城机构，划分拆城地段，取砖自用，目光短浅，损失极大”。据化铁（刘德馨）先生后来回忆：当时只要居委会开一张证明，就可以按照拆城处指定的地点搬运拆下的城砖。当时拆城除了与建筑用材需大量城砖有关之外，相当多的机关、院校、街道等单位为了砌筑炼钢铁的小高炉，动员本单位人员擅自从城墙上拆取城砖。拆下的城砖过剩时，将城砖或者砌进了围墙，或者建造了房屋，散失十分严重。这种对城墙所谓“变废为可利用”极端错误的认识是造成南京城墙被大量拆除的根因所在。

“文革”（1966—1976 年）中的南京城墙属于“失控”状态，它“又一次遭到程度不等的公、私破坏”。由于属于“十年动乱”时期的“无政府”行为，故拆城比 50 年代“有组织”的拆城规模要小，但对现有城墙造成的危害和隐患却是严重的。

在这段时间，大规模的拆城基本结束了。但是，在城墙顶上或者周边违章搭建的现象以及在城墙墙基挖“防空洞”之风却盛行一时。例如，为了解决当时下放回城人员的住房问题，紧靠城墙建造房屋；在城墙顶上建花房、苗圃、菜地、水池，铺设油管、电线杆；在城墙下建厂，甚至是冲压、锻造等震动很大的设备就紧靠城墙；在城墙基础上开挖防空洞。据不完全统计，“人防在城墙上打洞 164 个，在城墙内挖隧道，长约十几公里，几乎能挖的地段全都挖了。总面积三万多平方米。有些地段衬砌被覆马虎，曾有城顶塌陷，城墙开裂、倾斜的现象发生”。1982 年 6 月 10 日，在“南京市历史文化名城保护工作会议”上，东南大学著名古建筑学专家潘谷西在发言中对此提出疑问：“…… 人防也是这样，无法无天，谁也管不了他，想怎么搞就怎么搞 …… 南京城墙被挖空了。我很怀疑，城墙将来在防空上能起多大作用。古代城墙没有按现代防空要求来砌，不可

定淮门段坍塌的城墙

能抵御现代化的炸弹。有些地方很容易塌，不用炸，震也能震塌。”还有一些市民私自把城砖搬回家，或垫路，或建“披屋”，或将城砖凿成“石锁状”、“杠铃状”，用来锻炼身体。

保护处于“失控”状态的南京城墙上，杂草灌木丛生，有的树木已长成大树；城墙顶面的防排水系统遭到破坏，墙体渗水严重，致使墙体膨胀、开裂、剥落，甚至坍塌。南京明代城墙在这种状态下，古城墙的文物属性几乎完全被社会所忽略。直到20世纪80年代初期，南京城墙的文化属性才引起全社会的关注，拆城、毁城现象才开始得到根本性的遏止。

不可否认，1982 年是中国文物保护的春天，也是南京城墙实现文化遗产转型的开始之年。在这一年进行了全国第二次文物普查，南京城墙的当代保护终于进入了人们的视野。

◎第十章 城墙功能的转型

自20世纪80年代以来，随着南京城市化建设步伐的加快，主城区范围从形式上完全突破了过去以南京城墙为界限的格局。人们对城市的概念，也从单纯的“城池”转换成为包括以南京城为中心的长江两岸数座中小城市形成的“都市圈”。昔日的城墙，已不再是今日城市地界的标志物，而仅仅是城市历史的象征和印记。随着南京城市的发展，城墙被时代赋予了新的生命和意义。

在南京市各级政府部门的高度重视和社会各界的大力支持下，有关部门先后为南京城墙制定了专项法规和专项建设规划，先后成立了南京市城墙管理处和南京市明城垣史博物馆等专业组织机构，还结合城市建设，投入巨资和人力，对南京城墙进行了史无前例的大规模抢险性维修和环境整治。六百年来，南京明代城墙修复的目的，第一次是为了保护人类文化遗产，而不是为了城防。这个价值转变的过程，既是人们逐渐认识、肯定南京城墙文化遗产价值的过程，也是南京城墙实现文化转型的重要标志。如今，随着南京城市新的规划和发展，南京城墙已成为南京现代城市格局和市民文化生活中的一个重要组成部分，是南京城市中体量最大的历史文化遗产。

南京城墙文化转型的时间不长，随着南京城墙大规模维修和环境整治工程的阶段性完成，人们对城墙文化的认识、文化内涵的研究以及城墙管理、展示利用和保护拓展等工作，其实才刚刚开始。历史遗留的问题和人们认识上新的误区使南京城墙文化的保护还任重而道远。

第一节 ◎ 历史的反思

自二十世纪八十年代开始，人们逐渐认识到南京城墙的价值不仅在于军事或者城建，更是文物与宝贵的人类文化遗产。根据相关法规与规划，明城墙得到修护，于二〇〇四年获『中国人居环境范例奖』。

1982年6月10日，南京市委、市政府有关领导召集各方面的专家、学者和负责人，召开了“南京市历史文化名城保护工作会议”。就南京城墙保护来说，这次会议统一并提高了人们的思想认识，具有重要意义。正是在这次会议上，南京市有关领导明确指出：“世界首屈一指的南京城垣，私拆乱挖的事件时有发生。至今仍有人擅自拆墙取砖，毁墙扩地，开门挖洞，违章搭盖，在城墙上种植、樵木、建房甚至筑水池，在城门洞里堆放汽油等易燃、易爆物品，等等。这种愚昧无知的行为，不但破坏了城垣的面貌，而且威胁着城墙的安全……市政府专门颁发布告，明令禁止再动城墙的一砖一石，对违反者严惩不贷。南京城墙再不保护，不得了了。”

在这次会议上，学者、专家们针对南京城墙的保护提出了很多宝贵意见。如东南大学古建筑教授潘谷西从人们对南京城墙保护的认识方面分析并指出："南京古城墙遭到如此大的破坏，主要是认识问题，根本是不重视。"关于对待南京城墙历史价值方面的"认识问题"，其实是南京近百年来城市发展中的一个历史问题，由于政治、军事、城建以及其他诸多因素的影响，人们对这个"认识问题"百余年来曾经历过数次反复。南京城墙的实际保护正是从人们对南京城墙的认识提高以后，开始进入一个新的历史时期。

◎◎ 市民用水在地上书写的"爱我城墙，爱我中华"

市文化局副局长、市文管会副主任林庭桂在此次会议上提出"一城、八区、十八个单位"保护方案，其中"一城"即指南京城墙。在同年的全市文物普查中，成立城墙普查小组，对南京城墙现状进行实地调查和勘测。此次调查，通过实测得知现存城墙长度的准确数据，基本查清了城墙现状及原因，并在此基础上于1983年提出保护城墙的六条建议：一、坚决贯彻宁府周字(82) 189号《关于保护城墙的通知》是保护好城墙的关键。今后在城墙管理的问题上，市、区城建部门责无旁贷。二、除各区分片包干保护城墙外，中华门保管所要协助各区，做好保护工作。三、各区所辖地段对沿城墙15米内的违章建筑，要立即取缔并严肃处理。四、限期拆除所有与城墙有关的违章建筑，清除城墙顶部树木和与城墙相关的危险品。五、城墙内的人防工事，应封闭、填充。六、对零散城砖，要无偿回收，个人或单位不得擅自处理。

南京城墙继1982年被列为江苏省省级文物保护单位之后，1988年又被列入全国重点文物保护单位。自此，南京城墙由地方性的保护进入国家文物保护的范围。依据“全面保护、重点维修、整治环境、开发利用”的维修原则，南京城墙的保护由国家文物局和南京市委、市政府以及南京市建委、市文物局具体指导，南京市城墙管理处承担日常性抢险和保护。用于南京城墙的维修资金也在逐年增加。1995 年 11 月 28 日，南京市第 11 届人民代表大会常务委员会第 20 次会议制定了《南京城墙保护管理办法》，1996 年 4 月 12 日江苏省第八届人民代表大会常务委员会第 20 次会议批准实施。这是中国近五十年来在正式法律文本中为保护南京城墙制定的第一个具有法律效力的条文。这类具有法律效力的条文和管理办法具有深远的意义和价值。

1983 年，南京市文物管理委员会（南京市文物局前身）会同南京市规划局、南京市勘探设计院通过对南京明城墙的实地调查，进行反复研究，划定了三级保护范围：一、特殊地段：按照《南京城墙保护规则》规定的范围确定；二、一般地段：墙基两侧各不少于 15 米；三、建设控制地带：墙基两侧各不少于 50 米。在这个基础上，由南京市规划局等有关单位共同制定了《南京明城墙风光带规划》。该规划由“控制与保护规划”和“开发与利用规划”两大部分组成。“控制与保护规划”的核心“是一套立体的多层次的保护体系。借助这套体系，对明城墙现存段落及其周围的环境，实行全方位的、有效的保护与控制”；“开发与利用规划是指城墙及城墙所依附的风景资源的综合开发与利用。根据城墙保存现状，可以有分段（片）开发与整体开发两种”。自 2000 年以后，南京城墙的维修不仅局限于“抢险”维修的局部地段，而开始形成按规划、有步骤的大规模修缮，同时按照《南京明城墙风光带规划》的目标要求，将修缮城墙与整治周边环境并举，既对城墙本体进行保护，也使城市面貌得到改变，取得显著的社会效果。2004 年 12 月 27 日，“南京明城墙风光带规划与实施”项目继获得“江苏省人居环境范例奖”后，又获 2004 年“中国人居环境范例奖”。

为最大限度保护好、维修好南京城墙，南京市文物局及所属南京市城墙管理处根据不同地段、不同墙体、不同险情等实际情况，采取多种形式的办法，对维修地段城墙进行保护。从类型上，大致可分为：一、遗址保护类。即不做大的修缮、扰动，保持遗址的历史原貌（如东水关、前湖段等）；二、保留历史信息类。凡是遗留历朝历代留下印记地段的城墙，原则上给予保留（如神策门城楼、石头城段等）；三、景观展示类。结合景区规划，复原、恢复城墙历史风貌（如东西干长巷、小桃园、小九华山段等）；四、原状保存类。不做大的修缮，仅局部小修（如新民门、汉西门内瓮城等）；五、现代工艺加固类。在保持城墙原貌前提下，用现代材料和工艺，对受到严重破坏的城墙做结构加固和补强，以维持城墙的结构安全和景观（如中山门等）。南京市明城垣史博物馆经过多年的潜心研究，也有了突破性进展，先后出版了《南京明代城墙》、《古城一瞬间》、《南京城墙志》、《南京城墙砖文》等一批专著和图册，为拓展南京城墙文化内涵和文化交流做了大量基础性的研究工作。

树，还是那棵树——城墙周边环境整治前后

可以说，南京城墙历史性的大规模维修，首先得缘于人们的价值观发生了根本变化。这是城墙实现文化转型的结果，也是社会经济得到飞速发展、人们追求精神文化的必然。

第二节 ◎ 大规模修缮城墙

二十世纪八十年代后，南京城墙进行了数十项大规模抢救性维修，国内外各界人士纷纷为城墙奔走，法律制度与组织机构上也有了充分保障，这是六百年来南京城墙维修保护力度最大、效果最明显的阶段。

南京城墙保护性修缮始于20世纪80年代，大规模抢救性维修则始于1993年南京市文物局成立以后。自1988年至今，对南京城墙进行大规模抢救性维修的主要项目，列举如下：

(1) 1989年3月至7月，凤台路段城墙维修工程，是南京城墙处成立后选择的城墙维修试验段，维修长度175米。

(2) 1989年11月至1990年8月，中华门东侧170米段城墙修缮工程，是开辟秦淮风光带城垣游览线城墙修缮项目，修复中华门东侧170米城墙段。

(3) 1993年10月至1994年9月，台城至太平门段城墙维修工程，维修长度达1667米。该段城墙沿线可欣赏台城、北极阁、鸡鸣寺、玄武湖、九华山等风景名胜，充分体现钟山风景区

大规模维修中的南京城墙部分地段

山、水、城、林多层次结合的独特景观。

(4) 1995 年 5 月至 1996 年 3 月，解放门至玄武门段城墙维修工程，维修长度达 1466 米。

(5) 1996 年 12 月至 1997 年 3 月，汉西门城墙维修工程（含瓮城），维修长度达 348 米。

(6) 1997 年 10 月至 1998 年 3 月，中山门至后标营段城墙维修工程，维修长度达 651 米。

(7) 1999 年 1 月至 1999 年 6 月，九华山东段城墙清理工程，维修长度 69 米。

(8) 1999 年 12 月至 2000 年 3 月，九华山西段城墙清理工程，维修长度 32 米。

(9) 2000 年 3 月至 2001 年 9 月，集庆门段城墙维修工程，维修城墙长度 1400.74 米。

(10)2000 年 12 月至 2001 年 10 月，东水关遗址公园，维修长度 97 米，整治河道，布置绿地，形成遗址公园。

(11) 2001 年，维修武定门段城墙，维修长度 750 米。工程施工中，还发现一处重要遗迹——六朝孝侯台（一说南唐伏龟楼）遗址。

(12) 2001 年 3 月至 2001 年 6 月，狮子山周边环境及城墙修复工程，维修长度 1360 米。

(13) 2001 年 7 月至 2001 年 8 月，神策门段城墙抢险维修，维修长度 230 米。

(14) 2002 年 10 月至 2003 年 9 月，石头城段城墙维修，维修长度 1130 米。

(15) 2002 年 10 月至 2002 年 12 月，前湖段城墙断头加固工程。

(16) 2003 年 4 月至 2003 年 9 月，中山门城墙消险加固工程。

(17) 2003 年 5 月至 2004 年 3 月，狮子山至汉西门风貌及小桃园片区一期工程，维修长度 1996 米。

(18) 2003 年 12 月至 2004 年 12 月，西干长巷段城墙维修工程，维修长度 878 米。

(19) 2004 年 2 月至 2004 年 11 月，红土山段城墙修缮工程，维修长度 367 米。

(20) 2004 年 2 月至 2004 年 12 月，东干长巷段城墙维修工程，维修长度 1118 米。

大规模维修中的南京城墙部分地段

(21) 2004 年 3 月至 2004 年 9 月，神策门瓮城城墙修缮工程，维修长度 374 米。

(22) 2004 年 5 月至 2005 年 9 月，建宁路至挹江门（含绣球公园段）环境整治工程，维修城墙长度 650 米。2005 年 6 月，启动仪凤门复建工程，改单孔门券为三孔门券，制式不同于挹江、中山、玄武门，但恢复“仪凤门”城门名。

(23) 2005 年，玄武门至解放门段城墙维修工程，维修城墙长度 1500 米。

(24) 2005 年，中华门内瓮城北门防水及城墙抢险加固。

(25) 2005 年，月牙湖公园后标营段城墙维修，维修城墙长度 249.4 米。

(26) 2006 年，太平门至琵琶洲段城墙抢险维修，维修城墙长度 2100 米。

(27) 2007 年 7 月至 12 月，武定门至东水关段城墙维修工程，维修长度 938 米。

(28) 2009 年 6 月至 11 月，狮子山段城墙消险加固工程，维修长度 530 米。

(29) 2010 年 10 月至 2011 年 3 月，后标营至中山门段城墙维修工程，维修长度 747 米。

(30) 2010 年 10 月至 2010 年 12 月，玄武巷段城墙抢险加固，维修长度 178 米。

从 20 世纪 80 年代初开始，回收散落在各处的城砖成为保护、维修南

回收的部分旧城砖

京城墙中的一项重要内容。自 1985 年至 2010 年，南京市有关部门组织回收散失的城砖约有 669.1 万块，为大规模维修城墙提供了十分重要的原材料。

在城墙大规模维修期间，南京社会各界以不同形式积极参与城墙保护，体现了南京市民对城墙的热爱和感情。1995 年 5 月，南京市人民政府、市文物局组织开展“爱古都南京，修复南京城墙”宣传活动，号召每一个市民都为保护文物古迹、为修城墙献爱心。全市有 60 多个单位的职工及广大市民为此活动积极参加义务劳动和捐款。南京市白下区机关干部 300 多人冒雨参加修城墙义务劳动，金陵中学、南京师范大学附属中学、宁海中学等学校师生也分期分批参加修城墙劳动。全市共有一万多人次参加了义务劳动，回收城砖十多万块。第一笔捐款是由孙逊等几位老同志捐赠的 1000 元人民币。1997 年夏天，南京一位老人把自家花坛上的两块城砖拆下来，清洗干净后，顶着烈日骑车亲自送到城墙管理部门。多年来，南京市民关注城墙的一砖一石，他们及时把发现的问题通过不同方式向有关部门反映，这是南京城墙保护的坚实社会基础。

1995 年 1 月 11 日，中日友好协会会长、东京艺术大学校长平山郁夫先生在北京拜会中国外交部副部长唐家璇，表示愿意在日本发动民众展开资助活动，用于南京城墙维修，并通过此项活动来教育日本青少年一代，以促进日中友好活动的发展。同年 5 月 24 日，在台城至太平门段城

◎◎“中日合作修复南京城墙十周年”活动现场

墙上举行"中日合作修复南京城墙开工典礼",日方捐款约五百万元人民币,以表达对南京人民的谢罪之情。国家文物局局长张德勤、南京市市委书记顾浩、日中友协会长平山郁夫等出席开工典礼。张德勤局长在致辞中对平山郁夫先生给予了极高的评价:"由对那场侵略战争不负任何责任的人来抚平战争的创伤,由不忘过去、面对未来、高瞻远瞩的文化巨子来协力缔造和平,这就是此时此刻正在发生的最动人的事件,它让我们感受到了由人类良知和爱心构成的伟大情感。"1996 年 3 月 3 日,平山郁夫先生参观修复后的南京城墙段落,并为南京城墙题词:"共同修复南京城墙,架起日中友好桥梁。"1998 年 5 月 24 日,中日合作修复南京城墙三周年暨中日友好纪念园竣工庆典在台城开幕。省、市领导和日本前首相村山富市夫妇及平山郁夫夫妇等友人以及社会各界人士数百人参加了这一活动。

综上所述,这个阶段的维修是六百年来社会对南京城墙保护和维修力度最大的阶段,其特点大致有五个方面:一、人们对南京城墙价值的肯定和认识的提高,已经从"实用型"转为"文化型",并将其视为重点文物,进行保护维修。二、从法律、法规的制度上,给予南京城墙提供长久保护的根据。三、在组织机构上,为保护南京城墙成立专业维修队伍、专题性博物馆及保护机构,以保护和发挥其多元化的特征,并使其功能得到日益凸现和扩大,具有积极意义。四、投入的保护维修资金和牵涉的人力等诸方面,是六百年南京城墙维修史上力度最大、效果最为显著的阶段。五、修缮后的南京城墙地段,又成为带动城市经济发展、树立南京历史文化名城形象的最佳载体,呈现出南京城墙在城市发展整体构架中的不可替代性和巨大魅力。

第三节 ◎ 城墙保护任重而道远

进入二十一世纪以来，
南京城市发展使得城墙再次成为关注的焦点。
城墙虽无语，但它需要更多的『话语权』。
城墙保护与城市发展的『双赢』话题
成为新形势下的新课题。

2002年，为了妥善解决城市保护和发展关系的问题，南京市政府确定了“一城三区”的城市发展战略，提出将城市现代化建设的重心转移到新区，以举办第十届全国运动会为契机，将城市发展空间一举突破历史城区范围，越过外秦淮河，集中建设河西新城。国家文物局单霁翔局长在《城市化发展与文化遗产保护》一文中，对此给予了充分肯定：南京“河西新城的建设，不仅仅是城市用地规模的扩大，而且是南京对固守了2400多年的城市空间的首次突破，大大提升了城市功能，增强了城市综合竞争力和发展后劲，同时使聚集于历史城区的城市功能得以有效疏解”。

在南京城发生如此重大变化之际，城市发展与城墙保护的矛盾在新形势下并未得到彻底解决，甚至一再成为人们关注的焦点。仅以部分媒体的新闻实例为证：2002 年 3 月 14 日《南京晨报》刊登了《光华东街附近护城河上要架桥，明城墙又要开缺口？》；2004 年 11 月 19 日《扬子晚报》刊登《明城墙上竟建红砖围墙长达百米，建设单位却称是"家事"》；2005 年 3 月 26 日《扬子晚报》刊登《南京明城墙规划"架电梯"，激烈争议声中有人建议："吃不准的时候宁愿缓一步"》；2007 年 1 月 12 日《现代快报》刊登《南京规划 16 条通道穿越明城墙，行吗？》；2007 年 3 月 1 日《东方早报》刊登《南京修路擅拆明城墙，建设方称并非"正宗"墙体，600 岁城砖被随手丢在一旁》；2007 年 3 月 2 日《扬子晚报》刊登《芦席营路要直通建宁路，将跨越明城墙与金川河，缓解建宁路及中央门拥堵状况》；2009 年 9 月 2 日《江南时报》刊登《南京明城墙新建门需谨慎》；2010 年 2 月 4 日《中国文化报》刊登《南京明城墙管理不顺 19.6 公里 10 来个"婆婆"》等。出现的这些城墙保护不和谐之音，主要有两方面原因：

第一，自 20 世纪 80 年代至世纪末，南京城市的规划层面出现偏差，在"一年初见成效，三年面貌大变"的口号下，老城区见缝插针大规模兴建高楼大厦，城市"特色危机"成为城市建设中的共性问题。当重新制定规划时，不可避免要为先前城市建设中的"失误"付出代价，其中包括在

新建中的仪凤门

老城区与新城区之间的城墙、护城河上开设通道（城门或隧道等）及架设桥梁。诚如国家文物局单霁翔局长在《城市化发展与文化遗产保护》一文中所指出：以南京城墙为旧城围护的区域，“是文化遗产资源分布的密集区，也是历史文化名城特色的集中代表。但是由于单一中心的城市规划布局影响，使历史城区又成为各类现代城市功能的聚集地。在占市区建成区面积不到20%的历史城区内，却集中了市区建成区50%以上的人口、65%左右的就业岗位、80%左右的高层建筑。根据2002年现状调查资料，明城墙内已经基本改造的各类用地约占总用地的70%，尚未改造的用地仅有5平方公里，历史城区的传统风貌发生了根本变化”。

第二，因城市建设需要，适当增开城门和通道（包括隧道）的做法中，对“适当”的尺度难以把握。从南京城墙的历史上看，增开城门也不乏成功的范例，如挹江门、中山门、玄武门等，这些非明代开筑的城门与明城墙还是达到了整体的协调和美观，并不能说是破坏了明城墙。但是，新开筑城门或通道需要建立在合法与科学的基础之上。南京城墙是先人为南京留下的一幅城市作品，尽管这幅作品如今已经“破损”，不能就此认为可以随意添加或减少，导致这幅已“破损”的作品出现更多的遗憾。从2005年之后，短短五年南京复建和新建了八座城门（仪凤门、华严岗门、中华东门、中华西门、武定门、长干门、雨花门、标营门），让南京文物部门感到无奈的是，标营门、仪凤门、武定门建设初期，他们都曾根据《南京明城墙保护条例》向其下发停工通知书，可停工通知“喝”不住建设，“权”大于“法”，一座座新的“古城门”还是建起来了。

综合来看，在解决城墙保护与城市发展“矛盾”的过程中，关键其实还是人们的“认识”问题，单纯站在“矛盾”的任何一方立场为出发点，讨论“保护”与“发展”都会出现偏颇和无法协调。因城市发展需要，有限而科学地增开城门及隧道，本身也是对城墙的保护，使南京城墙融入现代城市发展的架构中，开创城市发展与城墙保护的双赢局面。问题是南京城墙作为国家重点文物保护单位，因城建需要在开门筑道设计之前，动它的一砖一土，必须严格按照国家及南京市的相关程序依法办事。对物质层面城墙的修缮可以收到“立竿见影”的效果。但是，城墙的科学保

儀鳳門

护最终都会归结到城墙文化领域——无论是城墙的管理、利用、展示、宣教还是协调城市发展。这些方面如果成为“问题”,而“问题”又不能得到及时解决的话,城墙保护就不可能是科学的、可持续性的,保护城墙文化遗产也将是一句空话。因为,城墙虽无语,但城墙文化遗产会继续“说话”——在这方面,南京城墙还需要更多的“话语权”。

南京城墙是城市历史的产物,是城市赖以持续发展的“根”和文化底蕴所在,也是人类的文化遗产,理应将城墙保护与城市的现代化发展结合起来。在南京城墙被社会广泛认为具备文化遗产属性之后,城墙保护与城市发展的“双赢”话题,必将成为新形势下的新课题,需要人们认识上的不断提高。从这个意义上说,南京城墙在未来城市发展中的有效保护,依然任重道远!

后记

2010年,我收到德国朋友——汉学家卡特林(Cathleen)小姐赠送我的檀木镇纸一对。她知道我研究城墙,在江西龙虎山景区旧货摊上特意买了送给我,上面分别镌刻了“观沧海静思知天地”、“读城垣神往明古今”。我见之甚喜,回家就上网查找这两句话是何人何时所撰,却不得其详,虽然看到网上有同物出售,但是,德国朋友的一番心意、这两句不俗的文字,却非同一般,我还是把它们供置于几案,常常咀嚼其间的妙趣。

“读城垣神往明古今”,确实颇得中国城墙文化的精髓。泱泱中华文明数千年,城墙如影相随。城墙,是一个视角,也是一个符号。透过这个视角,展现的是中国跌宕起伏的历史;了解这个符号,就可以理解中国博大精深的文化。在世界文明史上,中国是一个筑城大国。蜿蜒于群山之巅的万里长城,已然成为中国的文化符号，殊不知中国城市城墙有两千多座，筑城史有六千余年，而世界城市中占地面积最大的城墙在江苏的南京！公元 14 世纪筑造的南京城墙，迄今还保存了二十多公里，每块城砖上均有汉字！这种情况，既说明"读城垣神往明古今"绝非妄语，也说明中国城墙文化具有丰厚的底蕴。

我生长在南京，从小就经常爬城墙游玩，这是孩提时一件非常快乐的事情。那时的南京，没有高楼大厦的遮挡，站在城墙上的树阴下，迎着掠过城市上空的夏风，可以眺望到自己家的那片熟悉又朦胧的地块。城墙上野生的杂树很多，采酸枣、拾鸟蛋都是爬城墙时附带的喜悦和收获。但是，那时并不懂城墙，更不懂城墙文化。在时任南京市文物局局长谭跃先生、南京市作家协会秘书长冯亦同先生等诸多领导提携下，步入中年的我开始阅读城墙，很痴迷也很累。"读"了十来年城墙，两鬓头发已花白，还没读完。南京城墙，真是一本厚重的大书，每块城砖、每座城门、每段城墙和护城河的"密码"，仅仅是这本大书中的每一行、每一页。面对如此的南京城墙，至今我仍然心存好奇和敬畏！

在南京城墙上，我接待过许多中外著名专家和学者。在和他们的交流中，给我印象最深的是他们临别时说的一句话——"不虚此行"。我并不认为这仅仅是礼貌客气的话，2011 年 4 月 22 日，在陪同国际城市形态论坛主席迈克尔·康岑（Michael Conzen）教授和英国伯明翰大学杰里米·怀特翰德（Jeremy Whitehand）教授、新西兰奥克兰大学高级讲师谷凯一行参观城墙时，他们中有的以七十多岁的高龄参观"台城"段城墙后，竟然又转道城南，登上东水关城墙，一直走到中华门，而怀特翰德教授夫人的腿脚还有伤痛！如果不是真心受南京城墙的吸引，相信不会有这般的热情与毅力。

囿于编辑此书的篇幅所限，南京城墙所涉猎的领域难以面面俱到，好在是为"符号江苏"所撰，强调的是文化符号意义，书中出现挂一漏万的现象便有了托词。2006 年，我签约南京市作家协会撰写一本关于南京城墙通俗的读物，由于当时及之后一段时间忙于《南京城墙志》和《南京城墙砖文》等书编撰的事，这一耽误就是五年。幸得此次机会，也勉强可以搪责了。我在很多场合说过：走进南京，最便捷的路是走近城墙。无论如何“走”，最后还得靠自己。这本小书，如果能成为读者“走”南京城墙时的一块指路牌、一根拐棍的话，则心足矣！

承蒙友人韩文宁先生的推荐、译林出版社总编辑刘锋先生的信赖和社长助理谢山青小姐的敦促，完成了这本小书。写作中，南京市明城垣史博物馆和南京市城墙管理处的领导提供了许多有利条件，2011年应德国柏林马克斯·普朗克科学史研究所邀请前往德国学术访问期间，在德国友人帮助下发现并参考了一批与南京城墙有关的珍贵资料，我的朋友王志高先生提供了一些有价值的考古资讯，台湾朋友秦风先生提供了一批珍贵的旧时照片、《扬子晚报》社蔡震先生、东方航空公司刘建凌先生、摄影家冯方宇先生等朋友也为此书绘制或拍摄了许多精美的图和照片，对一些未及署名朋友们的帮助和支持，在此一并致以诚挚的感谢。

杨国庆

2011年5月3日